텃밭 주말농장
채소 · 약채소 기르기

텃밭 주말농장
채소·약채소 기르기

초판인쇄 | 2018년 3월 26일
초판발행 | 2018년 4월 05일

지 은 이 | 전재희
펴 낸 이 | 고명흠
펴 낸 곳 | 푸른행복

출판등록 | 2010년 1월 22일 제312-2010-000007호
주   소 | 경기도 고양시 덕양구 통일로 140(동산동)
            삼송테크노밸리 B동 329호
전   화 | (02)3216-8401 / FAX (02)3216-8404
E-MAIL | munyei21@hanmail.net
홈페이지 | www.munyei.com

ISBN 979-11 5637-082-6 (13520)

* 이 책의 내용을 저작권자의 허락없이 복제, 복사, 인용, 무단전재하는 행위는 법으로 금지되어 있습니다.
* 잘못된 책은 바꾸어 드리겠습니다.
* 이 도서의 국립중앙도서관 출판예정도서목록(CIP)은 서지정보유통지원시스템 홈페이지(http://seoji.nl.go.kr)와 국가자료공동목록시스템(http://www.nl.go.kr/kolisnet)에서 이용하실 수 있습니다.
  (CIP제어번호: CIP2018008830)

텃밭 주말농장
채소·약채소
기르기

이것만 알면 된다!

전재희 지음

푸른행복

| 머리말 |

 갓 수확한 싱싱한 채소는 그 맛과 향에 풍미가 있어 입맛을 돋울 뿐더러 다른 식재료에서는 얻기 힘든 여러 가지 비타민을 비롯해 칼슘, 마그네슘, 철, 인 등과 같은 무기질도 풍부하게 들어 있다. 또한 채소는 대부분 알칼리성 식품이어서 지나친 육식으로 노화가 촉진되고 각종 질병이 나타날 수 있는 산성화한 몸을 건강하게 만들어주기도 한다. 그 밖에도 채소가 우리에게 제공하는 바는 손꼽을 수조차 없다.
 우리는 4차 산업혁명이 회자되는 시대에 살고 있지만, 온 잎 가득 햇빛을 머금고 단비를 촉촉이 맞으며 자연의 혜택을 듬뿍 받고 자란 채소 또한 우리에게 꼭 필요한 소중한 존재이다. 다시금 인간은 자연을 떠나 살아갈 수 없음을 새기게 되며, 그런 의미에서 직접 밭을 일구고 채소를 가꾸는 텃밭농사나 주말농장 운영은 도시인들이 자연을 누리며 건강하게 살아갈 수 있는 최고의 방법이 아닐까 한다.
 이와 같은 이유로 필자는, 가족의 건강이 염려되어 아파트 베란다나 자투리땅에 직접 채소를 기르고자 하는 주부들을 포함해 난생처음 도시농부에 도전하는 분들이나 은퇴 후 귀촌·귀농을 계획하는 분들에게 작게라도 도움을 드리고자 이 책을 기획하게 되었다. 텃밭농사를 계획하기 위한 첫 단계는 작물 선택이다. 우리가 일상에서 즐겨 먹는 가지, 감자, 고구마, 고추 등을 비롯한 채소 22가지와 약초로도 이용 가능한 갯기름나물, 더덕, 도라지 등 약채소 6가지에 대한 재배법과 관리법, 방제법을 이 책에 소개한다. 각 채소의 재배일정을 수록하여 씨뿌리는 시기와 수확시기를 알 수 있도록 하였고, 토양 조건, 이랑 만들기 등 밭 만드는 방법을 구체적으로 그림을 곁들여 보여준다. 그런 다음 씨뿌리기, 솎아주기, 거름주기 등에 이어 잡초를 제거하거나 흙을 돋우는 방법 등 재배 포인트 즉 재배 요령을 소개한다. 이 모든 과정이 이루어진 후 수확하고 저장하는 방법에 대해서도 상세히 설명하였고, 특히 자칫 애써 기른 농작물을 망칠 수 있는 병충해에 대한 방제법도 놓치지 않았다. 그리고 마지막으로 내가 기른 채소에 어떤 영양분이 얼마만큼 함유되어 있는지 알 수 있는 에너지 정보도 추가하였다.

덧붙이면 이 책에는 각 채소의 생생한 사진은 물론, 자칫 어려울 수 있는 내용을 단박에 누구라도 쉽게 알 수 있도록 친근한 삽화를 곁들여 이해도를 높이고자 하였다. 또한 약채소는 나물로 사용할 때의 조리법과 효능을 추가 구성하였고, 사용부위의 적당한 채취시기를 알 수 있는 사진도 게재하여 실용성을 높였다.

한편 책의 첫머리에는 작물을 선택하기 전에 알아두면 유익하고 든든한 기초적인 농사 지식이나 정보를 수록하였다. 특히 텃밭농사를 처음 접하는 사람들이 어려워할 수 있는 작물보호제나 비료에 대해서도 상세히 설명하였고, 유기농 채소를 기르고자 하는 분들을 위해 직접 만들어 사용할 수 있는 퇴비와 천연 비료에 관한 정보도 수록하여 최대한 도움을 드리고자 하였다.

따라서 이 책은 초보자라도 혼자서 텃밭농사를 잘 해낼 수 있도록 이끌어주는 지침서이자 도시농부 입문서라고 할 수 있다. 농사를 전혀 해본 적 없는 도시인들이 아파트 베란다나 작은 텃밭 또는 가까운 주말농장에서 무언가를 기르고 싶을 때 곁에 두고 지침서로 늘 활용하기를 바란다.

저자 전재희 씀

텃밭 주말농장
채소 · 약채소 기르기
C/O/N/T/E/N/T/S

머리말 / 4

제1장 채소와 건강

1. 채소의 개요	10
2. 채소의 효능	12
3. 채소의 역할	15
4. 채소의 분류	19
5. 채소의 특성	22
6. 채소의 번식과 일생	27

제2장 채소 재배 환경

1. 채소 재배 환경이란	34
2. 햇빛	35
3. 온도	37
4. 흙	39
5. 물	48
6. 비료	52
7. 작물보호제	62
8. 식물의 병	72
9. 땅에서 키우기	92

제3장 텃밭 농사 준비

1. 텃밭의 기능　　　　　　　　　　100
2. 어디에, 무엇을 심을 것인가　　　102
3. 텃밭 농사 1년 계획 세우기　　　107
4. 농기구　　　　　　　　　　　　111
5. 농자재　　　　　　　　　　　　112
6. 수확하여 저장하기　　　　　　　113

제4장 채소 재배방법

1. 가지　　　　　　　　　　　　　120
2. 감자　　　　　　　　　　　　　127
3. 고구마　　　　　　　　　　　　133
4. 고추　　　　　　　　　　　　　140
5. 당근　　　　　　　　　　　　　148
6. 들깨　　　　　　　　　　　　　153
7. 딸기　　　　　　　　　　　　　157
8. 마늘　　　　　　　　　　　　　163
9. 무　　　　　　　　　　　　　　169
10. 배추　　　　　　　　　　　　178
11. 부추　　　　　　　　　　　　184
12. 상추　　　　　　　　　　　　190
13. 생강　　　　　　　　　　　　196
14. 시금치　　　　　　　　　　　201
15. 양배추　　　　　　　　　　　208
16. 오이　　　　　　　　　　　　213
17. 옥수수　　　　　　　　　　　221
18. 완두　　　　　　　　　　　　227

19. 토란	232
20. 토마토	236
21. 파	244
22. 호박	250

제5장 약채소 재배방법

1. 갯기름나물(식방풍)	258
2. 더덕	264
3. 도라지	274
4. 산마늘	280
5. 씀바귀	290
6. 왜당귀	298

제1장
채소와 건강

1 채소의 개요

 우리 인류와 함께해온 '채소'라는 말은 넓게는 식용되는 초본성 식물의 총칭이지만 대체로 인위적으로 재배되는 초본성 식물 전체를 의미한다. 서양에서는 원예작물 중 하나로 울타리 안에서 길러 먹는 풀과 1년생의 열매 종류를 통틀어 채소로 보았으며, 채소를 동물성 식품이나 곡물에서는 얻을 수 없는 많은 무기 영양소를 섭취할 수 있는 중요한 식품으로 여겼다. 영어로 '채소'를 나타내는 'vegetable'이라는 단어는 '활력을 주는 것'이라는 뜻을 가진 라틴어 'vegetabilis'에서 유래되었다.

 우리나라에서는 상고시대부터 쑥, 마늘, 달래 등을 재배했으며, 고려시대 이전부터 박, 마, 가지, 오이, 참외, 상추 등이 대개 중국 쪽으로부터 전파되어 재배되기 시작했다. 또 파, 부추, 아욱, 배추, 무, 시금치, 수박 등은 고려시대에, 고추, 호박, 감자, 고구마, 쑥갓, 근대, 양배추, 양파 등은 조선시대에 중국과 일본 등을 통하여 도입되었다. 멜론, 딸기와 같

은 서양 채소들은 20세기에 들여온 작물들이다.

  음식에 대한 사람들의 선호도는 국민성과 경제력의 영향을 가장 크게 받는다. 선진국일수록 쌀이나 밀 등의 주식보다는 원예작물의 소비량이 상대적으로 많다. 특히 국민총소득에 따라 소비량이 비례하는 녹황색채소에는 다양한 영양분이 듬뿍 함유되어 있으며 일반적으로 녹황색이 강할수록 영양가가 많아진다. 녹색이 강하면 주로 비타민 C와 A가 풍부하고 광물질을 비롯한 다른 영양소의 함량도 높을 뿐만 아니라 맛과 향기도 더 좋아지기 때문이다. 따라서 과거 서양에서 연화재배*하던 아스파라거스, 식용대황, 셀러리 등도 근래에는 거의 일반적인 형태로 재배하고 있으며, 국내에서도 대파를 제외하고 쪽파나 부추를 연화재배하던 옛 관습이 거의 사라졌다. 또한 김치의 주재료인 배추도 저장된 하얀 통배추보다 제주도나 해남 등지에서 월동 재배된 억센 푸른 겉잎을 가진 것을 절대적으로 선호한다. 과거에는 끓는 물에 데친 후 무쳐서 먹던 채소들을 근래에는 날것 그대로 섭취하는 비율이 점점 높아지고 있다는 사실도 이를 대변해주고 있다.

> **연화재배**
> 빛을 차단하여 줄기와 뿌리를 희고 연하게 하는 재배 방법

❷ 채소의 효능

 미국의 대표적인 시사주간지 《타임(TIME)》지가 2002년에 선정한 '몸에 좋은 식품 10가지' 중 4가지가 채소다. 바로 토마토, 시금치, 브로콜리, 마늘이다.

 우선 토마토는 항암 효과가 뛰어난 데다 다른 과일에 비해 칼로리가 낮아 다이어트 중에도 안심하고 먹을 수 있다. 토마토의 성분 중 붉은빛을 띠는 라이코펜은 전립선암을 비롯한 각종 암 발생 위험을 현저히 줄이는 것으로 보고되어 있다. 이는 주로 녹황색 채소에 많이 들어 있는 베타카로틴의 항암 효과보다 더 강력한 것으로, 토마토를 일주일에 10개 이상 먹으면 전립선암의 발생을 45% 줄일 수 있다. 또 일주일에 토마토를 2개 이상 먹는 사람은 흡연자라 할지라도 만성기관지염에 걸릴 확률이 절반으로 줄어든다는 연구 결과도 있다. 뿐만 아니라 토마토의 라이코펜은 혈액이 잘 엉기지 않도록 하는 항혈전 작용을 해 뇌경색이나 협심증 환자에게도 좋다.

 시금치는 칼슘과 철분을 풍부하게 함유하고 있어 성장기 어린이들의 발육과 영양에 더없이 좋다. 비타민 A가 풍부해 상피세

포를 건강하게 유지시키며 야맹증 예방에도 효과가 있다. 물론 시금치도 저칼로리 식품이다.

브로콜리는 우리말로 녹색꽃양배추라고 하는 양채류(서양 채소)로 최근에는 우리나라에서도 많이 재배되어 식탁에 오르고 있다. 브로콜리나 양배추에는 설포라판과 인돌 등의 화합물이 있어서 유방암, 대장암, 위암과 같은 암 발생을 억제하는 효과가 크다.

마늘은 우리나라에서는 이미 고조선시대부터 이용해왔는데, 마늘이 혈액을 엉기지 않게 하는 데 특효가 있다는 사실이 알려진 후로 미국 의사들은 심장병이나 뇌경색 환자들에게 마늘을 권하기 시작했다. 마늘에 들어 있는 알리인이나 스코르진, 알리신 등

의 성분은 항세균 화합물로 페니실린보다 더 강력한 항생 물질임이 밝혀졌다. 이들 물질은 식중독, 결핵, 티푸스 등 다양한 질병을 퍼뜨리는 박테리아나 곰팡이에 대한 항균 효과가 있으며, 면역 기능도 높여준다.

녹황색채소인 잎채소, 당근, 호박 등에 다량 함유된 베타카로틴은 항암 작용을 하며, 이런 채소에는 식이 섬유가 풍부해 변비에도 좋다는 사실은 이미 상식이 되어버렸다. 그 외에 수박이나 참외 등은 수분이 많아 삼복(三伏) 중에도 시원하게 먹을 수 있어 하늘이 내린 생수 용기라고 부른다. 또 《본초강목》에 따르면 상추는 '남자의 신(腎)에 좋고, 여자의 젖을 많이 나게 한다.'고 하여 전통 비아그라로 쓰였음을 알 수 있고, 빈혈에도 좋은 채소다.

채소에 관한 이러한 여러 가지 효능은 《동의보감》에도 잘 기술되어 있다. 따라서 동서고금을 아울러 채소는 쉽게 구해 즐겨 먹을 수 있는 먹거리이자 생약이기도 하였으며 최근에는 우리 몸에 중요한 식품으로서 더욱 더 그 진가를 발휘하고 있다.

과일과 채소가 눈의 노화에 미치는 영향

미국국립보건원(NIH)과 미국안과학회(AAO)는 11만 명을 대상으로 시력 감퇴나 실명을 초래하는 백내장이나 황반변성 등 노인성 안과 질환과 과일, 채소를 많이 먹는 건강식과의 상관관계를 조사하는 〈노화와 연관된 안과 질환 연구〉를 실시했다. 그 결과 비타민 C, 비타민 E, 베타카로틴, 아연, 구리 등 다양한 항산화 성분을 함유한 과일과 채소를 많이 섭취하면 백내장에 걸릴 위험성이 감소했다. 그러나 각 성분을 분리, 농축한 영양제를 복용한 경우에는 예방 효과가 없었다. 황반변성의 경우에도 아연, 구리, 루테인 같은 성분이 든 영양제를 복용할 경우 병의 진행을 다소 늦추는 효과는 있었지만 발병 자체를 막지는 못했다. 반면, 하루 세 번 이상 과일을 먹는 사람은 하루 1.5회 이하로 먹는 사람보다 황반변성에 걸릴 위험성이 36% 낮게 나타났다. 즉 과일과 채소를 많이 먹으면 눈의 노화를 예방하는 데도 효과가 있는 것이다.

영양제는 아무리 정성스럽게 먹는다고 해도 특정 영양소의 과잉이나 부족 등의 불균형이 나타날 수 있지만, 과일과 채소를 충분히 섭취한다.면 인체에 필요한 영양소가 골고루 충족되는 것이다.

3. 채소의 역할

 채소는 70~95%가 수분이고 열량이 적어 주식으로 이용할 수는 없지만, 보건적인 중요성을 지니고 있어 반드시 섭취해야 하는 식품이다.

비타민 공급원

1 비타민 A

 인체의 정상적인 발육과 상피세포를 유지하는 작용을 한다. 부족할 경우 먼저 눈과 피부에 증상이 나타나며 특히 야맹증의 원인이 된다. 식물에는 전구물질인 카로틴으로 존재하다가 인체 내에서 비타민 A로 전환되는데, 이를 프로비타민 A라고 한다. 카로틴은 식물계에 널리 분포하고 있는 황적색 색소로 베타카로틴이 대부분이다.

 비타민 A의 효력은 국제단위(IU)로 표기하는데, 비타민 A 1IU는 베타카로틴 0.6㎍과 같다. 채소에 함유된 베타카로틴의 총 함량 중 1/3가량이 생물적으로 효력을 보인다고 평가되고 있는데, 채소의 먹을 수 있는 부위 100g 중 카로틴을 600㎍ 이상 함유하고 있는 채소를 녹황색채소라고 한다. 잎채소 중에는 시금치, 부추, 신선초, 쑥갓, 파슬리 등 녹색이 짙은 채소에 많고,

뿌리채소로는 당근, 열매채소로는 호박, 단고추(피망), 풋고추 등에 많이 들어 있다.

2 비타민 B 복합체

비타민 B 복합체에는 니코틴산, 판토텐산, 폴릭산 등 여러 종류가 있다. 비타민 B_1이 결핍되면 식욕이 떨어지고 쉬 피곤해지며 각기병의 원인이 된다. 완두, 잠두(누에콩) 등 콩 종류와 마, 감자 등에 많이 들어 있다. 비타민 B_2는 시금치, 브로콜리, 단옥수수, 잠두 등의 채소에 많이 함유되어 있으며, 부족하면 구순염, 구각염, 각막염 등이 발생할 수 있다.

3 비타민 C

비타민 C는 채소와 과일류를 통해서만 섭취할 수 있으며, 부족하면 피부나 점막에서 피가 나는 괴혈병과 피부가 거칠어지는 증상이 나타난다. 거의 대부분의 채소에 함유되어 있지만, 특히 갓, 케일, 파슬리, 시금치, 브로콜리 등의 잎채소와 풋고추, 딸기 등에 많이 들어 있다.

무기질 공급원

채소에는 1~4%의 무기질이 함유되어 있는데, 그중 특히 칼륨, 몰리브데넘 등은 동물성 식품으로는 섭취할 수 없다. 채소에 들어 있는 대표적인 무기질 중 하나인 칼륨은 인체 내에서 혈압 조절에 깊이 관여한다. 고혈압을 예방하기 위해서는 나트륨의 과잉 섭취는 피하고, 칼륨 섭취로 세포 내막에 있는 칼륨이 감소하는 것을 막아 세포 안팎의 삼투압 균형을 유지시키는 것이 중요하다. 된장, 김치 등을 즐겨 먹는 탓에 염분을 많이 섭취할 수밖에 없는 한국인들은 칼륨이 풍부한 채소와 과일, 해조류 등을 많이 먹으면 세포의 삼투압 균형이 깨지지 않기 때문에 고혈압 예방에 좋다.

또한 칼슘도 의외로 채소에 많이 들어 있다. 보통 칼슘이 많이 함유된 식품이라고 하면 유제품이나 뼈째 먹는 생선을 떠올리는데, 그 뒤를 잇는 것이 바로 녹황색채소다.

 칼슘과 함께 부족하기 쉬운 영양소가 바로 철분이다. 철분은 녹황색채소에도 들어 있는데 육류에 든 것보다 흡수율이 떨어지지만, 녹황색채소에는 철분의 흡수를 돕는 비타민 C가 함유되어 있다. 따라서 육류 요리를 먹을 때 녹황색채소를 듬뿍 곁들여야 철분을 효과적으로 흡수할 수 있다.

식물섬유의 작용

 채소에는 체내 소화효소로는 소화되지 않는 식물섬유가 1% 정도 함유되어 있다. 식물섬유는 영양소는 아니지만 장의 활동을 촉진시키고, 정장 작용으로 변을 잘 보게 하며, 담즙산을 흡착하여 배설시킴으로써 혈중이나 간장의 콜레스테롤 수치를 낮추는 역할을 한다. 양배추, 시금치, 쑥갓, 상추, 우엉, 당근 등에 풍부하게 들어 있다.

체질의 산성화 방지

 무기질 중 인, 황, 염소 등은 산성 원소이고 칼륨, 칼슘, 나트륨, 마그네슘, 철 등은 알칼리성 원소다. 파를 제외한 대부분의 채소는 알칼리성 원소가 더 많은 알칼리성 식품으로, 사람이 섭취하면 체질의 산성화를 막아서 노화를 더디게 해준다.

항암 효과 및 질병 예방

채소에는 생체방어, 생체조절 기능이 있다. 마늘과 양파뿐만 아니라 딸기나 십자화과 채소에도 항암 작용이 뛰어난 물질이 들어 있다. 또한 채소들이 지닌 여러 가지 색소 가운데 안토시아닌은 항산화 작용을 함으로써 노화를 억제시킨다. 시금치, 쑥갓, 브로콜리, 우엉과 같은 채소들은 토마토와 마찬가지로 혈전을 예방하는 효과가 있다. 그 밖에도 채소는 혈압을 안정시키고 간 기능을 강화시키는 등 질병을 예방하고 건강을 증진시키는 역할을 한다.

정서적 측면

다양한 채소는 미각, 시각, 후각, 촉각 등을 만족스럽게 변화시켜 식사의 즐거움을 높여준다. 따라서 싱싱한 채소를 가정에서 직접 키워 먹는 것은 몸의 건강을 지키는 데 큰 도움이 된다. 뿐만 아니라 자연과 접할 수 있는 좋은 기회가 되어 스트레스 해소와 정신 건강에도 매우 유익하다.

알칼리성 식품

사람의 몸에는 pH7.4 정도의 약알칼리성이 좋다고 한다. 그렇다면 이상적인 pH를 유지하기 위해 어떤 식품을 섭취하는 것이 좋을까? 어떤 것이 알칼리성 식품이고 어떤 것이 산성 식품일까? 채소에는 칼륨 성분이 많이 함유되어 있는데, 그 이유는 채소 재배에 칼륨비료를 많이 사용하기 때문이다. 또한 잎채소와 줄기채소에는 칼슘이, 뿌리채소에는 마그네슘이 비교적 많이 함유되어 있다. 채소에 들어 있는 나트륨, 철 등은 모두 체내에서 알칼리성을 나타내는 성분들이다. 반대로 인이나 염소 등은 체내에서 산성을 나타내며, 이러한 성분이 많이 함유된 식품을 산성 식품이라고 한다. 신맛의 유무는 산성 식품과 알칼리성 식품을 구분하는 데 전혀 관계가 없다.

- 알칼리성 식품 : 채소, 과일, 가공되지 않은 견과류, 씨앗류, 해조류, 우유, 천연 식초
- 산성 식품 : 육류, 어류, 유제품, 쌀, 밀가루 등 곡류, 인스턴트 식품

채소의 분류

채소로 재배하는 식물은 그 종류가 매우 다양하고 형태적·생태적·재배적 특성이 각각 다른 것이 많다. 전 세계적으로 재배되고 있는 채소는 500여 종으로 우리나라에서는 80여 종이 재배되고 있으며, 이 중 50여 종이 상품으로 유통되고 있다. 이 채소들은 형태나 재배 또는 이용상 성질이 비슷한 것끼리 함께 묶어서 다루는 것이 여러모로 편리하다.

꽃의 형태나 식물의 성상 면에서 서로 유사성을 갖는 채소들을 묶어서 종(種), 가까운 종들을 묶어서 속(屬), 유사한 속들을 묶어서 과(科)로 분류하는 것을 자연 분류 또는 식물학적 분류라고 한다. 종 내에서도 특징이 약간 다른 것들을 묶어 아종(亞種) 또는 변종(變種)으로 따로 분류하기도 한다. 품종이라는 것은 자연 분류가 아니고 재배나 이용 면에서 다른 개체와 형태나 성질이 다르면서 그 고유 형질이 다음 세대에 안정적으로 전해지는 개체의 집단을 말한다.

자연 분류

자연적인 분류 방법은 매우 과학적인 것으로 채소의 형태, 생리, 생태를 파악하는 데 편리하다. 같은 과끼리는 재배 환경, 개화 생리, 병충해 발생 등이 매우 유사해 실제 영농에 많은 도움을 준다. 가장 기본적으로는 씨앗이 발아한 후 떡잎이 하나로 시작하면 외떡잎식물, 떡잎이 2개로 시작하면 쌍떡잎식물로 나뉜다.

- 외떡잎식물
  - 벼과 — 죽순대, 옥수수, 단옥수수, 튀김옥수수
  - 천남성과 — 토란, 곤약(구약나물)
  - 백합과 — 아스파라거스, 양파, 리크, 마늘, 파, 쪽파, 부추, 염교, 달래
  - 마과 — 마
  - 생강과 — 생강

- 쌍떡잎식물
  - 명아주과 — 비트, 근대, 시금치
  - 십자화과 — 배추, 케일, 방울다다기양배추, 양배추, 오그라기양배추, 꽃양배추, 브로콜리, 순무, 갓, 청경채, 무, 생강무, 겨자무, 고추냉이
  - 콩과 — 콩, 작두콩, 라이마콩, 녹두, 팥, 강낭콩, 완두, 동부, 잠두
  - 수련과 — 연근
  - 아욱과 — 오크라, 아욱
  - 산형과 — 셀러리, 고수, 파드득나물, 당근, 미나리, 파스닙, 파슬리
  - 메꽃과 — 고구마, 공심채
  - 가지과 — 고추, 토마토, 가지, 감자
  - 박과 — 동아, 수박, 참외, 멜론, 오이, 호박, 박
  - 국화과 — 우엉, 쑥갓, 상추, 결구상추, 머위, 치커리, 엔다이브
  - 장미과 — 딸기
  - 꿀풀과 — 잎들깨
  - 초롱꽃과 — 도라지, 더덕
  - 두릅나무과 — 두릅, 땅두릅

이용 부위에 따른 분류

식용 부위가 잎, 뿌리, 열매 중 어느 것에 속하느냐에 따라 잎채소(엽채류), 열매채소(과채류), 뿌리채소(근채류) 등으로 분류한다. 이들은 서로 재배상의 공통점도 가지고 있다. 잎채소는 대부분 서늘한 기후에서 잘 자라고 질소와 수분을 많이 요구하며 재배도 비교적 단순하게 이뤄지고, 열매채소는 온난한 기후에서 잘 자란다(딸기는 예외).

잎채소(엽채류)	배추, 양배추, 시금치, 상추, 파슬리, 셀러리, 아욱, 쑥갓 등
열매채소(과채류)	수박, 참외, 멜론, 오이, 토마토, 고추, 딸기 등
뿌리채소(근채류)	무, 순무, 우엉, 당근, 토란, 마, 감자, 고구마, 연근 등
꽃채소(화채류)	꽃양배추, 브로콜리, 아티초크 등
순채소(눈경채류)	아스파라거스, 토당귀, 죽순, 땅두릅 등
비늘줄기채소(인경채류)	파, 마늘, 부추, 양파, 쪽파 등

색깔에 따른 분류

잎은 엽록체 내의 엽록소가 발현하여 녹색이 되고, 그 이외의 색소가 발현하면 황색이나 적색 계통이 나타난다. 식용 부위의 색깔에 따라 녹색채소, 등황색채소, 적색채소, 흰색채소 등으로 분류한다. 이들의 색깔을 나타내는 색소는 특히 영양학적으로 매우 중요한 역할을 한다.

녹색채소(클로로필계)	녹색 잎을 이용하는 모든 채소
등황색채소(카로티노이드계)	당근, 고구마, 노란 호박 등
적색채소(안토시아닌계)	자색 양배추, 비트, 딸기, 가지, 파프리카, 고추 등
흰색채소(안토크산틴계)	감자, 무, 배추 줄기, 양배추 속, 양파, 콜리플라워 등

5 채소의 특성

우리가 이용하는 채소는 100여 종이 넘고, 세계적으로는 이보다 훨씬 많은 종류의 식물들이 채소로 이용되고 있어 채소의 형태는 대단히 복잡하고 다양하다. 채소로 이용되는 식물은 씨앗, 열매, 꽃, 줄기, 잎, 뿌리 등에서 각각의 고유한 특성을 지니고 있지만, 이 특성을 자세하게 설명하기는 어려우므로 이용 부위를 기준으로 크게 나누어 설명한다.

잎줄기채소

1 잎채소(엽채류)

배추, 양배추, 상추, 시금치, 쑥갓 등과 같이 정상적인 모양을 갖춘 잎을 채소로 이용하는 것들로 잎의 형태, 크기, 품질 등이 대단히 중요한 요소이다. 잎채소 가운데 결구*하지 않는 것들은 생육 단계별로 잎의 형태가 크게 변화하지 않지만, 결구하는 것들은 생육 초기에는 잎의 길이가 잎의 폭에 비해 훨씬 길다가 결구기에 들어가면 그 비율이 같아지는 특성을 갖고 있다.

결구
채소 잎이 여러 겹으로 겹쳐서 속이 차올라 둥글게 되는 것을 말한다.

2 비늘줄기채소(인경채류)

마늘, 양파, 염교 등은 잎의 일부 또는 전체가 저장엽(양분이나 수분을 많이 저장하여 두꺼워진 잎)으로 된 것을 이용하므로 잎채소라고도 할 수 있으며, 이들 채소는 비늘줄기가 최대한으로 비대해져야 상품성이 좋아진다. 한편 파, 쪽파, 부추, 달래 등은 비늘줄기뿐만 아니라 잎몸 또한 크게 생장하도록 재배해야 한다.

3 꽃채소(화채류)

꽃을 채소로 이용하는 것에는 콜리플라워, 브로콜리, 아티초크 등이 있다. 콜리플라워는 꽃눈 분화 후 밀집해 형성되는 흰색의 어린 꽃봉오리를 채소로 이용하는 것이다. 한편 브로콜리는 꽃봉오리가 녹색을 나타낸다. 꽃을 이용하는 채소들은 개화하면 품질이 크게 떨어지므로 개화하기 전에 수확한다.

4 줄기채소(경채류)

아스파라거스, 죽순, 두릅, 토당귀 등은 새로 돋아나는 어린순(줄기)을 채취하여 채소로 이용하며 이들은 주로 연백시켜 이용한다.

열매채소

1 박과 채소

오이, 수박, 호박, 참외, 멜론 등은 열매의 크기, 모양, 색깔, 무늬 등이 종과 품종에 따라 매우 다르다. 또 박과 채소는 한 개체에서 암꽃과 수꽃이 각기 따로 핀다.

2 가지과 채소

토마토, 가지, 고추 등은 한 꽃에 암술과 수술이 같이 있다. 이들 열매의 씨방은 토마토의 경우 젤라틴 물질이 씨앗 주위를 감싸면서 내부를 꽉 채우고, 가지의 경우 유조직으로 채워지며, 고추는 빈 공간으로 남는다.

3 장미과 채소

장미과(사과, 배, 베리류 등) 중 채소에 속하는 것은 딸기 하나뿐이다. 딸기의 이용 부위는 꽃받침이 비대 발달한 것이고, 식물학적인 열매는 비대한 꽃받침 표면에 널리 있는 여윈열매(수과)이며 열매 하나에 200~400개의 여윈열매가 있다.

4 콩과 채소

콩과에 속하는 채소 작물은 완두, 강낭콩 등인데 텃밭에서 잘 재배하지 않는다. 텃밭에서 많이 재배하는 대두는 채소에 속하지 않고 식량 작물 중 밭작물(전작)에 속한다.

뿌리채소

분류	설명
덩이뿌리류 (괴근류)	식물학적으로 뿌리에 해당되는 부위가 비대한 채소로 고구마, 마 등이 이에 속한다.
덩이줄기류 (괴경류)	땅속줄기가 비대한 채소로 감자, 토란 등이 이에 속한다.
곧은뿌리류 (직근류)	뿌리와 씨눈줄기(배축)의 일부가 비대한 채소로 무, 당근, 우엉, 순무 등이 이에 속한다.
뿌리줄기류 (근경류)	뿌리줄기가 비대한 채소로 생강, 연근 등이 이에 속한다.

 작물별로 원산지가 다르고 오랜 진화 과정에서 특정 환경에 적응해온 채소는 각각 독특한 생리적, 생태적 특성을 갖는다. 채소를 잘 재배하기 위해서는 이러한 특성들을 제대로 파악해 알맞게 관리해주어야 한다. 특히 작물별로 개화 특성을 잘 살피는 것은 매우 중요하다.
 배추, 양배추, 순무, 무 등의 십자화과 채소들과 마늘, 파, 양파 등의 백합과 채소, 그 밖에 당근 등은 물을 흡수한 씨앗이나 일정한 크기로 자란 식물체가 일정 기간 저온을 거치면 꽃눈이 분화되고, 뒤이어 환경이

적당하면 추대(식물이 꽃줄기를 내는 것) 개화한다. 상추는 고온에서 꽃눈이 분화되고 뒤이어 추대 개화되므로 봄에 씨를 뿌려 재배할 경우 고온장일(高溫長日) 조건에서 추대하기 쉽다. 시금치는 장일 조건에서 꽃눈이 분화되므로 봄 재배에서는 추대 개화하기 쉬운데, 가을에서 겨울에 걸쳐 재배할 때는 추대하기 어렵다.

딸기는 저온단일(低溫短日) 조건에서 꽃눈 분화가 이루어지며, 한철 딸기는 자연 상태에서 9월 말에서 10월 초에 걸쳐 꽃눈이 분화한다. 한철 딸기의 수확기를 앞당기려면 인공적으로 저온단일 조건을 만들어줘야 한다. 그러나 사철 딸기는 고온장일 조건에서도 꽃눈이 분화하기 때문에 한여름에도 계속 개화해 결실을 맺는다. 오이와 호박은 암꽃과 수꽃이 같은 식물체에서 따로따로 피는데, 같은 품종이라도 저온단일 조건에서는 암꽃이 많아진다. 따라서 어릴 때 인공적으로 저온단일 조건을 만들어주면 후에 고온장일 조건에서도 암꽃이 많아진다.

6 채소의 번식과 일생

식물은 발아 후 여러 생육 단계를 거쳐 씨앗을 맺으며 노화되어 말라 죽는다. 이처럼 식물의 일생은 다음 대를 이어갈 씨앗, 눈 또는 영양기관을 형성하면서 마감된다. 매년 반복되는 식물의 생육 주기를 '생활환'이라고 하는데, 이는 일년생과 다년생 또는 초본(풀)과 목본(나무)에 따라 다르다.

채소는 식용을 목적으로 하는 면에서 관상용인 화훼와 구별되고, 초본이라는 특성에서 열매를 수확하는 열매나무와 구별된다. 초본이지만 씨앗을 퍼뜨리지 않고도 여러 해를 살 수 있는 다년생도 있다.

식물의 번식

모든 식물은 유성번식 또는 무성번식으로 종족을 유지, 보존한다. 채소는 대부분 유성번식하지만, 마늘, 딸기, 토란 등과 같이 무성번식하는 것들도 있다.

1 유성번식(종자번식)

암수의 성을 이용하여 이루어지는 번식, 즉 수술에서 나온 꽃가루를 암술머리에서 받아들여 교잡이 이루어져 2세가 만들어지는 방식이다. 어린 상태의 접합체를 배(胚)라고 하며 세포분열이 계속되어 발달하면 씨앗이 된다. 씨앗의 껍질(종피)은 대개 극한 환경을 극복할 수 있도록 첨단구조로 이루어져 추위와 건조를 이기며, 동물의 소화효소에도 끄떡없이 소화기관을 통과해 그대로 배설된다. 환경이 좋아지면 특유의 생명력으로 발아하는 성질을 이용해 우리는 재배 시기를 마음대로 조정할 수 있는 것이다.

2 무성번식(영양번식)

암수 배우자가 관여하지 않고 식물체의 일부분을 이용하여 개체수를 늘려나가는 방식으로, 생식기관이 아닌 영양기관을 이용하기 때문에 영양번식이라고도 한다. 채소 중에서는 알뿌리를 이용한 마늘, 뛰는 줄기를 이용한 딸기, 덩이줄기를 이용한 감자 등이 무성번식으로 증식된다. 무성번식의 단점은 증식 수가 적을 뿐 아니라, 식물체가 바이러스에 감염되면 후대에 문제가 전달될 수 있다는 점이다.

▲ 감자 덩이줄기 형성

식물의 일생

식물의 일생은 영양생장과 생식생장으로 구분된다.

1 영양생장

식물의 줄기, 잎, 뿌리는 생장에 필요한 양분을 흡수하고 유기양분을 합성하고 저장하기 때문에 영양기관이라고 하며, 이러한 영양기관의 생장을 영양생장이라고 한다. 영양기관이 제대로 자라야 꽃과 같은 생식기관도 잘 발달하게 된다.

2 생식생장

 꽃과 그로부터 유래하는 씨앗, 열매는 식물의 유성번식에 관여하는 생식기관이다. 이 생식기관이 분화하고 발육하는 것을 생식생장이라고 한다. 식물이 영양생장을 하다가 생식생장으로 전환하는 데는 영양분, 온도, 햇빛 등이 복합적으로 관여한다.

식물의 휴면

 식물은 일생 중 특정 생육 단계에서 일시적으로 생육을 멈추고 잠을 자는 휴면을 한다. 식물의 휴면은 불량 환경을 극복하기 위한 수단이라고 볼 수 있다. 생육에 부적합한 환경을 휴면으로 극복하는 것이다. 보통 나무의 눈이나 초본식물의 씨앗은 가을이 되면 휴면에 들어가 춥고 건조한 겨울을 나게 된다. 반대로 마늘과 같은 호냉성 월동 작물은 여름이 되면 비늘줄기를 형성해 휴면에 들어가 고온을 극복한다. 마늘을 무더운 여름 동안 저장할 수 있는 중요한 요인이 바로 이 휴면인 것이다.

1 포기의 휴면

 토당귀, 아스파라거스, 부추 등은 가을이 깊어지면 지상부는 노랗게 말라 죽고 뿌리 부분만 살아남아 휴면 상태에 들어간다. 촉성 재배하기 위해 포기를 캐서 온도를 높여줄 경우, 그 시기가 지나치게 이르면 아직 휴면 상태에서 깨어나지 못하기 때문에 싹이 왕성하게 돋아나지 않는다. 이들은 가을에 저온단일(低溫短日) 조건에서 휴면에 들어가고, 늦가을이나 겨울에 저온 조건에서 휴면을 마친다. 파도 가을에 휴면에 들어간다.

2 줄기의 휴면

 마늘, 양파, 쪽파 등은 고온장일(高溫長日) 조건에서 비늘줄기가 비대해지면서 휴면에 들어간다. 휴면의 정도는 생태형에 따라 다르다. 이들은 수확 후 여름의 고온 조건에서도 휴면 상태가 유지되어 싹이 돋아나지 않으며, 가을에 들어서면서 싹이 돋아난다.

감자의 덩이줄기도 일정 기간 휴면을 하는데, 휴면 기간은 품종에 따라 휴면을 거의 하지 않는 것에서부터 수확 후 3개월 정도 휴면하는 것 등 다양하다. 남작 품종은 3개월 정도 휴면하기 때문에 수확 후 3개월, 즉 10월까지는 상온에 두어도 싹이 나오지 않는다.

3 딸기의 휴면

딸기는 10월 중순부터 저온단일에 의해 휴면에 들어가 11월 중·하순경에 휴면이 가장 깊어지고, 겨울의 저온에서 서서히 휴면 상태에서 깨어나기 시작해 1월 하순경에는 완전히 깨어난다. 딸기는 품종에 따라 휴면 기간이 다른데, 조생종은 짧고 만생종은 길다. 따라서 품종 특성을 정확히 파악해 휴면을 완전히 취한 다음 보온 재배가 이루어져야 각 품종 고유의 수량을 수확할 수 있다.

생활환

식물은 종류에 따라 각기 다른 독특한 생활환을 갖고 있다.

1 1년생 채소

1년생 식물은 자신의 생활환을 1년 안에 마친다. 이들은 발아 → 영양생장 → 생식생장 → 결실의 과정을 거치며, 성숙한 씨앗은 일정 기간 휴면에 들어간다. 들깨, 상추 등은 벼, 보리와 같이 영양생장을 한 다음 이어서 생식생

장을 하지만 콩과, 가지과(가지, 고추, 토마토 등), 박과(오이, 참외, 호박, 수박 등)에 속하는 작물들은 영양생장과 생식생장이 동시에 이루어진다.

1년생 채소는 대부분 여름형으로 봄부터 여름에 이르는 장일(長日) 조건에서 영양생장을 하고 가을의 단일(短日) 조건에서 생식생장으로 넘어가는 단일식물이다. 콩, 들깨 등이 대표적이다. 그리고 가지과나 박과 채소는 중성식물이라고 하여 일장(빛의 길이)에 관계없이

영양생장이 어느 정도 진행되면 바로 생식생장으로 이행한다. 이와 같은 여름형 채소는 씨앗 상태에서 휴면하면서 추운 겨울을 극복한다.

2 2년생 채소

배추, 양배추, 케일, 무, 결구상추, 양파, 당근, 셀러리 등은 대표적인 2년생 식물이다. 이들은 씨앗에서 발아한 1년 차에는 영양생장만을 계속한다. 그 결과 영양기관이 뚜렷하게 비대생장하고 저장양분을 축적하게

된다. 비대한 영양기관은 겨울이 되면서 저온 자극을 받고 이듬해 봄의 고온장일 조건에서 줄기와 꽃대가 길게 자라서 추대하면서 개화하고 결실을 맺는다. 이들의 생활환은 2년에 걸쳐서 완성되지만, 식용으로 재배할 때는 영양생장만 필요한 작물들이므로 양파를 제외한 나머지 채소는 1년 차 때 수확하기 때문에 2년생의 의미가 없다.

3 다년생 채소

감자, 고구마, 마늘, 딸기 등은 여러해살이 초본식물이다. 이들은 매년 봄에서 여름에 걸쳐 지상부가 생장하여 꽃이 피고 가을이면 말라 죽는다. 그러나 지하부의 뿌리는 살아남아서 겨울을 날 수 있으며 이듬해 봄에 여기에서 다시 지상부가 돋아난다. 이러한 여러해살이 초본식물은 지하부에 이듬해 사용할 양분을 저장한다. 경우에 따라서 많은 양의 전분, 이눌린, 프락탄, 당류, 단백질 등을 축적한 저장기관에는 눈이 있으며, 겨울에 휴면 상태로 있다가 다음 해 봄이 되면 발아한다. 즉 이들은 씨앗이 아닌 다른 기관을 이용한 무성번식을 하는데 지하부의 저장기관이 바로 중요한 번식 수단이 되는 것이다. 이들도 씨앗에 의한 유성번식이 가능하기는 하지만 지상부에서 결실한 씨앗을 뿌리면 생장 기간이 오래 걸릴 뿐만 아니라 본래 품종의 특성이 아닌 다른 형태도 섞여 나오기 때문에 품종 개량의 목적 이외에는 잘 쓰지 않는다.

제2장
채소 재배 환경

① 채소 재배 환경이란

  채소는 사람이 먹는 식물이므로 재배에 세심한 주의와 정성이 필요하다. 모종으로 키울 자신이 없다면 종묘상 등에서 모종을 사다가 심으면 훨씬 쉽다. 재배 장소에 따라 용기를 잘 선택해 꾸민다면 채소의 싱그러움과 함께 열매의 아름다운 색상까지 한꺼번에 즐길 수도 있다. 자주 따서 먹는 채소들은 베란다에 배치하면 편리한데, 각 채소별 색상에 맞춰 소품을 곁들인다면 장식적인 효과도 누릴 수 있다. 거주하는 곳이 아파트라면 베란다를 십분 활용하고, 주택이라면 옥상을 이용하는 것이 재배에 용이하다. 하지만 주말농장 같은 야외 텃밭이 있다면 보다 적극적인 농사짓기가 가능할 뿐 아니라 쉽게 농사 기술을 뽐낼 수 있다.

  식물은 흙 속에 뿌리를 내려 몸체를 지지하고 수분과 양분을 흡수한다. 그리고 지상부의 줄기와 잎으로는 햇빛을 받아 탄소동화작용을 하면서 자라나게 된다. 이처럼 식물의 생육에는 기상, 토양, 생물 등의 자연환경이 중요한 영향을 끼친다. 따라서 각각의 환경 요인들이 채소 생육에 어떻게 작용하는지를 잘 알고 이에 대응해야 한다.

2 햇빛

햇빛은 식물 생육에 가장 중요한 요인 중 하나다. 식물의 잎은 광합성 작용을 통해 동화양분을 만들고, 이 동화양분이 식물의 각 기관으로 분배되어 성장하는 것이다. 따라서 햇빛이 잘 들지 않는 텃밭에서는 채소가 잘 자라지 못하므로 광선 적응성에 따라 재배할 작물을 선택해야 한다.

【광선 적응성에 따른 채소 분류】

분류	종류
강한 광선이 필요한 작물	박과 채소, 가지과 채소, 콩과 채소, 덩이뿌리류, 곧은뿌리류, 옥수수, 딸기, 양파
약한 광선에서도 잘 자라는 작물	토란, 생강, 잎채소, 파류, 머위, 부추
약한 광선을 좋아하는 작물	미나리, 파드득나물, 참나물
어두운 곳에서 재배하는 작물	양송이, 연백 채소(파, 부추, 아스파라거스)

우리나라는 사계절이 뚜렷한 기후로 햇볕이 내리쬐는 시간이 계절별로 다르다. 12월 22일 전후인 동지에 해가 가장 짧고, 6월 22일 전후인 하지에 해가 가장 길다. 또 3월 22일인 춘분과 9월 22일인 추분에는 밤과 낮의 길이가 같다. 식물의 생육은 이와 같은 일조량의 변화에 민감하게 반응한다.

식물은 보이지 않는 눈과 시계를 갖고 있다. 해가 언제 뜨고 지는지를 모두 인지해 꽃을 빨리 피우기도 늦게 피우기도 한다. 봄에 꽃이 피는 무, 배추, 시금치, 상추 등은 최대한 꽃이 늦게 피는 품종을 선택해야 잎을 많이 수확할 수 있다. 이런 채소들은 꽃대가 올라오면 품질이 크게 떨어져 식용 가치를 상실하게 된다. 따라서 주요 채소들이 일장에 어떻게 반응하는지 잘 알고 있어야 채소를 성공적으로 수확할 수 있다.

【낮의 길이에 따른 채소 분류】

분류	종류
낮의 길이가 길어질 때 꽃이 피는 채소	시금치, 상추, 무, 당근, 양배추, 갓, 배추, 감자
낮의 길이가 짧아질 때 꽃이 피는 채소	딸기, 옥수수, 콩
낮의 길이와 상관없이 일정한 생육기에 도달하면 꽃이 피는 채소	고추, 토마토, 가지, 오이

인공광에는 단순히 부족한 빛을 보충해주는 광합성 촉진용 조명과 인위적으로 낮의 길이를 조절해주는 일장 조절용 조명이 있다. 후자는 단일(短日)식물의 개화를 억제시키거나 장일(長日)식물의 개화 조건을 만들어준다. 이렇게 전등조명을 이용해 꽃이 피는 시기를 촉진 또는 억제하는 재배법을 전조재배라고 한다. 채소에서는 주로 들깻잎을 재배할 때 이 재배법을 이용하는데, 가을과 겨울에는 낮의 길이가 짧아져 들깨 꽃이 빨리 피고 이후 더 이상 자라지 않게 되어 깻잎 수확이 어려워진다. 이때 밤 12시부터 새벽 2시까지 2시간 연속 조명으로 빛을 보충해주면 깻잎을 성공적으로 수확할 수 있다.

 온도

식물의 생육에 있어서 하루 중 온도의 변화는 매우 중요한 의미를 갖는다. 낮의 높은 온도에서는 광합성을 통해 생육에 필요한 유기양분을 만들어내고, 밤의 낮은 온도에서는 호흡 작용을 억제시켜 영양분 사용을 최소화함으로써 건전한 생육을 도모한다.

열매채소는 대개 잎채소보다 높은 온도를 좋아하지만, 딸기만은 예외로 저온성 채소다. 상추, 마늘, 양파와 같은 저온성 채소는 온도가 높으면 휴면한다. 다른 잎채소나 뿌리채소도 온도가 너무 높으면 섬유질 함량이 높아지고 영양 성분은 낮아져 전체적으로 품질이 떨어지게 된다. 이처럼 작물마다 잘 자라는 온도가 각기 다른데, 한 작물이 가장 잘 자라는 온도를 '생육적온'이라고 한다. 이는 기온과 지온을 아우르는 말이다. 대체로 지온보다는 기온이 햇빛이나 습도에 따라 심하게 변화하므로 각 작물별 생육적온을 잘 알아두었다가 적절하게 기온을 조절해주어야 한다.

고온성 채소(18~26℃)	가지, 고추, 박, 동아, 생강, 고구마, 부추, 동부, 고온에 비교적 강한 오이, 호박, 참외, 토마토, 우엉, 강낭콩, 아스파라거스, 머위, 옥수수
저온성 채소(10~18℃)	배추, 양배추, 무, 순무, 시금치, 파, 완두, 잠두, 딸기, 염교, 저온에 비교적 강한 감자, 당근, 비트, 꽃양배추, 상추, 미나리, 셀러리, 근대, 마늘, 쪽파

【열매채소의 생육적온(단위 ℃)】

채소명	주간 최적 온도	야간		지하부 최적 온도
		최적 온도	최저 한계 온도	
토마토	25~28	13~18	10	15~18
가지	23~28	13~18	10	18~20
고추	25~30	18~20	12	18~20
오이	23~28	12~15	10	18~20
수박	23~28	13~18	10	18~20
멜론	25~30	18~20	14	18~20
참외	25~30	15~20	12	18~20
호박	18~23	10~15	8	15~18
딸기	18~23	5~7	3	15~18

【잎·뿌리채소의 생육적온(단위 ℃)】

채소명	최고 한계 온도	최적 온도	최저 한계 온도
셀러리	23	15~20	5
배추	23	13~18	5
무	25	15~20	8
시금치	25	15~20	8
쑥갓	25	15~20	8
상추	25	15~20	8

4. 흙

흙은 식물이 뿌리를 박고 서 있게 하는 지지 역할과 식물의 뿌리에 물과 영양분을 공급해 성장시키는 역할을 한다. 일반적으로 공기가 잘 통하는 흙, 물이 잘 빠지면서도 물과 영양분을 충분히 지니고 있는 흙, 그리고 병해충이 없는 흙을 좋은 흙이라고 볼 수 있다.

식물의 뿌리는 살아서 호흡을 해야 하기 때문에 흙 속에서도 산소를 필요로 한다. 만약 흙 속에 공기가 통하지 않으면 뿌리의 활동이 나빠져 식물의 생육이 불량해진다. 공기가 잘 통하는 흙은 배수도 잘 되는 것이 보통이다. 벼와 수생식물 등 일부 식물을 제외한 대부분의 식물 뿌리는 물속에서는 호흡을 할 수 없기 때문에 배수가 잘 되지 않는 흙에서는 뿌리가 잘 썩으며, 반대로 물이 너무 잘 빠지는 흙은 건조하기 쉬우므로 물을 자주 주어야 한다. 즉 배수가 잘 됨과 동시에 어느 정도 보수력(保水力)이 있는 흙이 좋다. 하지만 이와 같이 이상적인 흙은 흔하지 않기 때문에 유기실비료를 주거나 여러 가지 흙을 섞어서 사용하게 된다. 이때 이상적인 흙의 상태는 흙 전체 부피의 절반이 틈새고, 나머지 절반 중 반은 물, 반은 공기로 채워지는 것이다.

아울러 영양분을 충분히 지니고 있

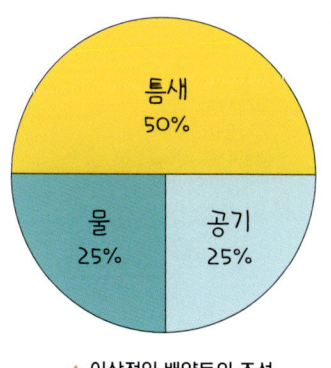

▲ 이상적인 배양토의 조성

는 비옥한 흙이면서 병해충이 없어야 하는데, 작물을 심었던 흙이라면 병해충이 있을 수 있으므로 각별히 신경을 써야 한다. 특히 참외, 오이, 수박 등은 한 가지 작물을 같은 토양에 계속해서 심을 경우 병해충 피해를 입을 수 있다. 따라서 같은 채소를 2년 이상 이어짓기한 흙에는 다른 채소를 심는 것이 좋다.

토양의 구조

모래처럼 입자들이 따로따로 노는 것을 단립(單粒) 상태, 점토질의 토양처럼 입자들이 서로 붙어 있는 것을 입단(粒團) 상태라고 한다. 입단 구조에서는 입단들 사이에 공간이 비교적 많이 확보되어 물을 잘 지닐 수 있고 토양 미생물의 활동도 왕성하다. 말 그대로 흙이 살아 있는 것이다. 밭을 갈아주는 것은 이러한 토양의 입단화를 촉진하는 방법인데, 토양 속에 수분이 적당히 있을 때 갈아줘야 그 효과가 크다.

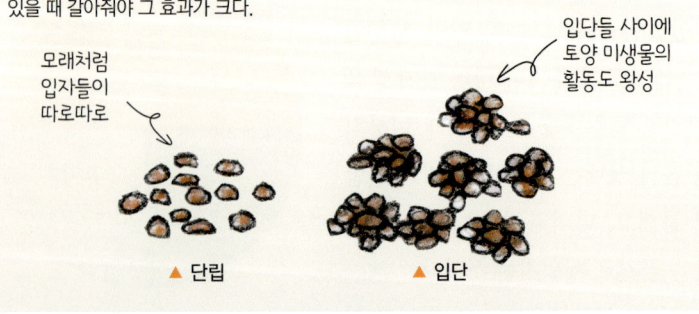

▲ 단립   ▲ 입단

토양

1 밭흙

작은 흙 알갱이들이 모여서 쌀알에서 콩알 정도의 집단, 즉 입단 상태를 하고 있는 흙으로 한 번 건조하면 비교적 잘 부서지지 않는다. 보통 흙색이라고 하는 갈색 내지 흑색의 토양 지대에서 구할 수 있다.

2 황토

황갈색의 점토질로 건조한 후 체로 쳐 입자가 큰 흙과 작은 흙으로 각각 나눠 쓸 수 있다. 우리 주위에 가장 많은 흙으로 밭흙이나 모래와 혼합해 사용하기도 한다.

3 논흙

찰기가 있는 흙으로 건조하면 딱딱하게 굳는다. 물과 영양분을 지니는 힘이 강하므로 황토나 모래, 부엽(썩은 잎)과 섞어 쓰면 채소 재배에 좋다.

4 모래

강모래와 산모래가 있으며, 물이 잘 빠지므로 각종 흙과 혼합해서 사용한다.

5 버미큘라이트(vermiculite)

질석을 고열 처리해 만든 인공 토양으로 운모와 같이 가벼우며 수분 흡수력이 매우 뛰어나다. 통기, 배수, 보수성 등이 강해 토양개량제로 다른

▲ 버미큘라이트

흙과 혼합해 쓰기에 적합하다. 화원이나 원예 종묘상에서 쉽게 구할 수 있다.

6 펄라이트(perlite)

진주암을 분쇄하고 고열 처리해 원래 크기의 10배 정도로 부풀려 아주 가벼워진 흰색의 인공 토양이다. 버미큘라이트와 같은 용도로 쓰이며 화원이나 원예 종묘상에서 구할 수 있다.

▲ 펄라이트

7 피트(peat)

연못 밑바닥에서 나오는 검은색 입단 상태의 흙으로 물이끼, 고사리류, 풀 등이 습지에 퇴적되면서 변질된 것이다. 보수력과 통기성이 좋아서 퇴비나 부엽과 마찬가지로 다른 흙과 섞어서 쓰며, 산성이므로 반드시 석회를 같이 써야 한다.

8 피트모스(peat moss)

온대 습지에서 물이끼 등이 퇴적, 부식되어 토탄(土炭)이 된 것으로 갈색이다. 피트와 마찬가지로 강산성이기 때문에 반드시 석회로 중화해서 사용해야 한다. 배합토의 재료 외에 퇴비 대용으로도 쓰인다. 화원이나 원예 종묘상에서 구할 수 있다.

9 훈탄(薰炭)

왕겨를 태운 것으로 다른 흙에 혼합하여 쓴다. 원래는 짚, 낙엽, 잡초 따위를 태운 재에 인분을 섞어 만들었지만 요즘에는 인분 대신 질소비료나 축산 분뇨를 주로 사용하고 짚이나 낙엽도 구하기 어려워 왕겨를 주로 사용한다.

▲ 훈탄

10 부엽토(腐葉土)

말 그대로 낙엽을 모아서 썩힌 흙이다. 침엽수보다는 상수리나무, 졸참나무, 밤나무, 떡갈나무 등의 낙엽이 좋다. 다른 흙에 섞으면 토양개량에 도움이 되고 분해되면 비료로도 사용할 수 있기 때문에 특히 분 재배에는 없어서는 안 될 재료다. 화원이나 원예 종묘상에서 구할 수 있다.

토양개량제

1 미생물 제제

아미나, 그로 등 많은 제품들이 나와 있다. 효소와 미생물을 이용해 작물이 유기물을 흡수하기 쉬운 무기태 상태가 되도록 도와주는 역할을 한다. 동물성 아미노산을 주원료로 키토산, 유기산, 숙성된 목초액 등의 생리활성 물질과 각종 미량 요소를 첨가하여 만든다. 미생물 제제가 토양 중에 있으면 양분이 작물에 빨리 흡수되며, 토양의 양분 보유 능력이 높아져서 각종 병해에 대한 저항력과 생리 장해 회복 효과가 높아진다. 화원이나 원예 종묘상에서 구할 수 있다.

▲ 토양미생물제

▲ 토양개량제

2 부식산(humic acid)

토양에 존재하는 유기물이 미생물에 의해 분해되면서 변형 또는 합성된 암갈색의 복잡 다양한 물질이다. 부식산은 양분 보유 능력이 높기 때문에 토양에 섞으면 유효한 영양 성분이 빠져나가거나 못 쓰게 변하는 것을 막아주고 작물에 지속적으로 충분한 영양을 공급해주는 역할을 한다.

3 숯(charcoal)

나무를 태워 탄화시킨 숯을 토양에 투입한다.는 것은 자연 산물을 토양에 돌려주어 비옥하게 한다.는 것을 뜻한다. 숯은 작물보호제 등 환경오염 물질이나 유해 물질들을 빨아들여 토양을 깨끗하게 한다.

4 스펀지 소일(sponge soil)

주로 유카(화단용 여러해살이 관상식물)라는 식물에서 추출해 만든 토양개량제로 토양의 통기성과 배수성을 좋게 하고 토양이 물을 잘 흡수하게 한다. 따라서 물이 잘 안 빠지는 토양, 특히 점토질의 토양을 개선하는 데 효과적이다.

유기물

흙은 입자 간 틈이 넉넉해야 통기성이 좋고 배수가 잘 된다. 단단하게 굳은 땅은 파 뒤집으면 부풀고 부드러워지지만 얼마 동안 비바람을 맞고 나면 다시 원상태로 되돌아간다. 따라서 밭을 일굴 때는 퇴비, 피트, 낙엽 등의 유기물을 섞어주어야 부드러운 상태를 오래 지속할 수 있다. 이때 시중에서 판매하고 있는 부엽토를 사용하면 편리하다.

목초액의 이용방법

목초액은 숯을 굽는 과정에서 발생되는 연기를 냉각하여 얻는데, 친환경농업의 토양개량제로도 쓰인다. 퇴비를 만들 때 목초액을 뿌려주면 숙성 기간이 짧아지며, 200~500배로 희석해 채소에 살포하면 해충을 막을 수 있다. 또한 수박, 참외, 멜론 등 당도가 높아야 하는 열매채소 밭에 이 희석액을 비료나 작물보호제에 섞어 1포기당 1L씩 주면 열매의 품질이 좋아진다. 다만 원액의 산도가 pH3.5 이하의 강산성이므로 너무 많이 주어서는 안 된다.

1 유기물 보충

유기물이 부족한 메마른 흙은 대개 입자들이 따로따로 노는 단립 구조다. 이 경우 입자들 사이에 틈이 없어 단단하게 다져지기 쉽다. 여기에 유기물을 더해주면 흙 속에서 유기물이 부식되면서 흙의 작은 입자들을 끌어당겨 입단 조직을 만들고 입단과 입단 사이에 넉넉한 틈이 형성된다. 그러나 이것도 시간이 지나면 조금씩 분해되어 식물의 영양이 되므로 본래 상태인 단립 조직으로 돌아간다. 따라서 적어도 1년에 한 번씩은 유기물을 보충해주어야 한다.

2 배합토 만들기

화분용 흙으로 노지의 흙을 그대로 쓰는 것은 좋지 않다. 이때는 배합토를 별도로 만들어서 써야 한다.

일반적으로 비옥한 흙과 부엽토와 모래를 5:3:2의 비율로 혼합한 흙을 가장 많이 사용한다. 식물의 성질에 따라 건조한 상태를 좋아할수록 모래의 비율을 높게 하고, 용기의 밑바닥일수록 입자가 큰 흙을 넣고 심는다. 용도에 따라 다음과 같이 배합하면 된다.

【흙의 용도에 따른 배합 비율】

분류	배합 비율
화분용 흙	밭흙(5) : 부엽토 또는 피트(3) : 버미큘라이트(2)
상자(플랜터) 흙	황토(4) : 부엽토(3) : 버미큘라이트(3)
씨뿌리용 흙	부엽토 또는 피트(5) : 모래 또는 버미큘라이트(5)

상토(床土)

모종을 가꾸는 온상에 쓰는 토양으로 대량으로 상토(床土)를 만들려면 밑거름 성분까지 넣어주어야 비료를 자주 주지 않아도 된다. 상토를 만드는 데는 최소 2주일 정도의 시간이 필요하다.

부엽토, 황토, 마사토, 논흙, 버미큘라이트, 펄라이트 등을 주재료로 쓰고, 퇴비, 피트모스, 훈탄, 톱밥 퇴비, 발효 왕겨 등을 부재료로 쓴다. 이때 주재료와 부재료의 혼합비는 75:25에서 50:50 사이로 한다. 비료를 사용하고자 한다.면 상토 100kg당 요소 40g, 용성인비 또는 용과린 200~250g, 염화칼륨 또는 황산칼륨 40g 정도를 혼합하고, 채소용 복합비료(질소:인산:칼륨=9:12:9)의 경우에는 상토 100kg당 2.2kg 정도 혼합하면 된다. 상토 100kg당 석회와 토양개량제를 각각 200g씩 혼합하면 여러 양분을 고루 갖춘 더욱 좋은 흙을 만들 수 있다. 이렇게 흙을 직접 만들어 사용하려면 작물을 심기 2주일 전에 미리 주재료, 부재료, 비료, 토양개량제를 골고루 섞어 비닐로 꼭 덮어두었다가 7일 정도 지난 뒤에 두세 번 뒤섞은 다음 분에 담아 사용하면 된다.

▲ 버미큘라이트, 펄라이트를 섞어 만든 배양토에서 자라는 배추 모종

우리나라 토양

1 산성토양

우리나라 토양은 대부분 화강암을 모암으로 하여 풍화된 산성토양으로 이루어져 있다. 게다가 빗물에 의해 흙 속의 알칼리성 물질이 빠져나

가기도 하고, 산성 화학비료를 주로 사용하기 때문에 흙은 대개 산성을 띨 수밖에 없다. 이와 같이 산성이 강한 흙에서는 식물이 칼륨, 칼슘, 마그네슘 등의 영양 성분을 흡수하기 어렵다. 또한 산성 상태인 점토에는 알루미늄 성분이 많은 것이 특징인데 그 알루미늄이 녹아서 식물의 뿌리를 상하게 하거나 인산 결핍이 생기므로 식물의 생육에 좋지 않은 영향을 미친다. 따라서 산성토양에는 반드시 농용석회나 고토석회를 살포해 흙을 중화시켜주어야 식물이 자라기에 적합해진다.

2 산성토양 식별 방법

흙의 산성도를 식별하는 간단한 방법은 주위에 나 있는 잡초를 살펴보는 것이다. 가령 쇠뜨기, 질경이, 나무딸기 따위의 잡초가 많고 다른 잡초의 생육이 약한 곳이라면 강산성토양으로 볼 수 있다.

【산성토양과 채소생육의 관계】

분류	대상 작물	적정 산도(pH)
산성토양에서 잘 자라는 채소	수박, 감자, 고구마, 치커리, 토란	5.0~6.8
산성토양에 다소 강한 채소	호박, 고추, 가지, 토마토, 오이, 강낭콩, 무, 당근, 파슬리, 완두, 마늘, 순무, 단옥수수	5.5~6.8
산성토양에서 잘 자라지 못하는 채소	셀러리, 시금치, 배추, 양배추, 오크라, 브로콜리, 콜리플라워, 상추, 양파, 파, 리크, 멜론, 피망	6.0~6.8

5
물

식물은 50% 이상, 열매는 80~95% 이상의 물을 함유하고 있다. 따라서 식물의 생명은 물에 의해 유지되고 있다고 해도 과언이 아닐 만큼 물 관리가 중요하다. 식물의 잎에서는 매일 많은 양의 물이 대기 중으로 증발되는데, 토마토의 경우 그 양이 한 포기당 하루 4L나 된다고 한다. 이러한 이유로 가습기를 설치하는 대신 식물을 기르는 가정들도 많다.

식물은 광합성을 통해 물과 이산화탄소로부터 에너지원인 탄수화물을 합성해 체내에 저장하는 탄소동화작용을 한다. 이처럼 물은 식물에 없어서는 안 될 핵심 요소다. 또한 식물은 질소, 인산, 칼륨 등의 토양 속 영

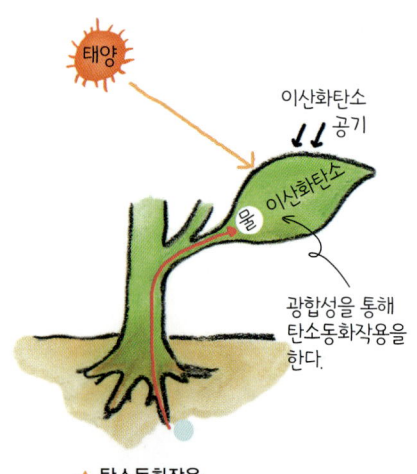

▲ 탄소동화작용

양분을 수분 형태로 흡수하므로 흙 속에 수분이 부족하면 비료도 식물체로 들어가기 어려워지고, 탄소동화작용에 의해 잎에서 만들어진 영양분들이 줄기나 뿌리, 열매 등 다른 곳으로 운반되기도 어렵다. 뿐만 아니라 물은 흙 속의 공기를 바꾸어 넣는 데도 도움을 준다. 물이 흙 속으로 들어갈 때는 반드시 공기도 함께 끌려 들어가기 때문에 물은 뿌리가 원활하게 호흡하는 데도 꼭 필요하다.

물주기

1 물주기의 중요성

식물을 기르는 데 있어 물주기는 가장 간단한 것처럼 보이지만 실상 매우 어려운 기술이다. 채소 작물은 비교적 물을 많이 필요로 하는 편이지만, 어느 작물이라도 뿌리가 물에 잠기면 제 역할을 못 해 생육이 곤란해진다. 같은 작물이라도 계절이나 재배법에 따라 물의 요구량이 달라지는데, 이를 무시하면 작물이 말라 죽거나 뿌리가 썩어 죽기도 한다.

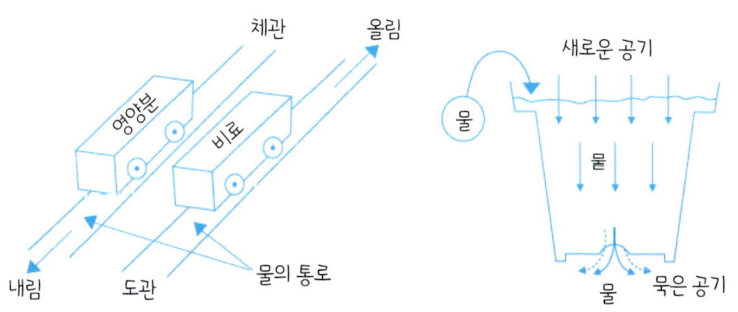

▲ 비료와 영양분을 운반하고 흙 속의 공기를 순환시켜 주는 물

2 물주기의 주의점

 면적이 넓은 곳에서 효율적으로 물을 주려면 저녁때 주어야 대기 중 공기가 먼저 식으면서 물의 흡수율이 높아진다. 그러나 가정에서 채소를 재배하는 경우에는 밤에 물이 많으면 웃자라기 쉽고, 기온이 높을 때 물을 주면 뿌리가 썩을 수 있다. 물뿌리개의 구멍이 크면 물줄기가 굵어 토양이 파이고 잘 굳으므로 가능한 한 구멍이 작은 물뿌리개로 부드럽게 주는 것이 토양 관리에 좋다.

 화분이나 상자(플랜터)와 같은 재배 용기에 흙을 채울 때는 용기 꼭대기에서 최소한 2~3㎝는 여유를 두어 물을 줄 때 넘치지 않도록 하는 공간이 있어야 한다. 재배 용기의 경우 그 공간을 채울 만큼의 물만 주어도 충분하지만 좀 더 주어도 배수 구멍으로 물이 새 나가므로 과습 염려는 없다. 또한 물은 조금씩 자주 주는 것보다는 한 번 줄 때 듬뿍 주고 용토의 표면이 가볍게 마른 후에 다시 주는 것이 좋다. 더운 날 낮에 잎이 약간 시든 기미가 보여도 저녁 이후에 회복된다면 걱정할 필요는 없다. 계절에 따라 물 주는 양은 크게 차이가 나지만 증발에 의해 소모되는 속도의 차이이므로 물의 양보다는 횟수를 조절하는 것이 좋다. 대개 봄, 가을에는 하루에 한 번 정도 주면 되고, 여름에는 고온으로 인해 증발량이 많으므로 한참 자라는 때라면 하루에 두 번 정도 준다. 물 주는 시간은 한

▲ 계절별로 달라지는 물 공급 횟수

낮을 피해 아침 9시 이전이나 오후 4시 이후가 적절하다. 겨울에는 3, 4일에 한 번씩이면 적당하다.

텃밭의 경우에는 재배 용기에 심었을 때보다 건조되는 속도가 느리지만 비가 너무 많이 오면 과습 피해를 입을 수 있다. 검은 비닐로 덮어씌우면(멀칭) 물을 자주 주지 않아도 되고 잡초가 자라는 것도 막을 수 있어 일석이조의 효과를 본다. 한 포기당 얼마의 물을 줘야 한다.는 규칙은 없으므로 흙이 마른 상태와 잎이 시드는 상태를 봐가며 물의 양을 조절하는 수밖에 없다.

채소 작물은 일반 밭작물에 비해 물이 많이 필요하다. 특히 초여름에는 가뭄이 들어 재배가 힘들 수 있다. 그러므로 관수 시설이 잘 갖추어져야만 재배 관리가 편리하다. 한편 장마철에는 고랑을 잘 정비해 배수가 잘 되도록 힘써야 한다. 배수가 잘 안 될 때는 습해를 받아 정상적인 생육을 기대할 수 없다.

【채소와 물의 관계】

분류	대상 작물
다소 건조해도 재배가 잘되는 것	고구마, 수박, 토마토, 땅콩, 잎들깨, 호박
다소 습한 토양에서 재배가 잘되는 것	토란, 생강, 오이, 가지, 배추, 양배추
다습을 좋아하는 것	연근, 미니리

비료

 식물이 자라기 위해서는 햇빛, 흙, 물 외에도 무기양분이 필요한데, 우리가 대개 거름이나 비료라고 부르는 것이 바로 이 무기양분이다. 식물체를 태웠을 때 타서 없어지는 부분이 유기물이고 재로 남는 부분을 무기물이라고 보면 된다. 무기양분은 식물체 전체 성분의 약 1.5%에 불과하지만 식물체 내에서 매우 중요한 역할을 담당한다.

 잡초들은 대부분 흙 속의 비료분을 거침없이 흡수해 왕성하게 자라지만, 개량된 작물들은 여러 가지 양분이 고루 갖춰지지 않으면 제대로 흡수하지 못해 균형 있게 성장하지 못한다. 부족한 영양 성분을 제때 주어야 잎이 부드럽고 꽃이 잘 피어 열매를 탐스럽게 맺을 수 있다.

 식물의 생육에는 탄소, 수소, 산소, 질소, 인산, 칼륨, 칼슘, 마그네슘, 유황, 철, 붕소, 아연, 망간, 몰리브데넘, 염소, 구리 등 16종의 필수원소가 필요하다. 이 중 탄소는 공기 중의 이산화탄소에서, 수소는 물에서, 산소는 공기 중에서 얻고, 그 외 13가지 원소는 토양으로부터 직간접적으로 흡수한다. 작물에 따라 질소, 인산, 칼륨, 황, 칼슘, 마그네슘 등은 많은 양이 요구되므로 다량원소로 분류하고, 철, 구리, 아연, 몰리브데넘, 망간, 붕소, 염소 등은 적은 양이 요구되므로 미량원소로 분류한다. 비료 성분 중에서 가장 흡수량이 많은 질소, 인산, 칼륨을 비료의 3요소라고 부르는데, 여기에 칼슘을 더해 4요소, 또 마그네슘을 더해 5요소라고도 한다.

생육 필수원소

1 질소

질소는 식물체 내에서 단백질을 만드는 질소 동화작용의 원료 중 하나로 세포의 분열이나 성장에 없어서는 안 되는 성분이다. 또 엽록소의 성분이기도 해서 질소비료를 주면 잎의 녹색이 진해진다. 이 때문에 질소는 잎비료 또는 가지(줄기)비료라고도 하며, 특히 채소 작물에 있어서는 가장 많이 필요하고 중요한 성분이다. 상추, 배추, 케일과 같은 잎채소는 질소를 과도하게 흡수하면 잎 색깔이 진해지면서 질산염이라는 좋지 않은 성분이 생기므로 주의해야 한다. 화학비료로는 요소와 황산암모늄이 있다.

▲ 질소비료

2 인산

인산은 뿌리의 발육을 촉진하는 데 도움이 될 뿐만 아니라 꽃이나 열매, 씨앗의 형성에 중요한 성분으로서 뿌리비료 또는 씨앗비료라고도 한다. 열매 속의 산을 줄이고 단맛을 늘리는 역할도 한다. 비료의 3요소 중 인산은 한 번 주면 토양 중에서 잘 씻겨 내려가지 않기 때문에 밑거름으로만 주어도 충분하다. 화학비료는 용과린, 용성인비, 과석 등이 있다.

3 칼륨

칼륨은 식물체 내의 탄수화물이나 단백질의 합성, 이동, 축적 등 생리작용과 꽃을 피우고 열매를 맺게 하는 데 중요한 성분이다. 따라서 열매비료라고도 부른다. 추위나 병충해에 대한 저항력도 키워준다. 화학비료는 염화칼륨과 황산칼륨 등이 있다.

4 칼슘

칼슘은 조직을 단단하게 하는 체질 구성 물질로서 엽록소의 생성과 뿌리의 발육과 관계가 깊고 유해 물질을 중화시키는 데도 도움이 된다. 무엇보다도 산성토를 중화시키는 데 필수적인 토양개량제다. 화학비료로는 소석회 또는 농용석회 등이 있다.

▲ 칼슘비료

5 마그네슘

마그네슘은 엽록소의 중핵 성분이므로 모자라면 엽록소가 제대로 생성되지 않아 잎의 기능이 나빠진다. 또 식물체 내에서의 물질 이동을 돕는다. 화학비료로는 고토, 황산마그네슘, 탄산마그네슘 등이 있다.

6 기타 미량원소

미량원소도 식물체 내에서 단지 적은 양만 필요할 뿐 다량원소와 마찬가지로 식물의 생장에 꼭 필요한 필수원소들이다. 이들은 보통 흙 속에 함유되어 있는 양으로도 충분하기 때문에 따로 주지 않는다. 하지만 붕소(비료는 붕사)는 미량원소지만 종종 결핍되기 쉽다. 배추나 무를 재배할 때 붕소가 부족하면 속이 썩는 증상이 나타나므로 밑거름을 줄 때 10㎡당 20g 정도 주는 것이 좋다.

필수원소들이 부족하면 곧바로 생육에 지장을 초래한다. 하지만 결핍 증상이 작물의 종류나 재배 조건 등에 따라 다르게 나타나므로 정확하게 진단하기는 매우 힘들다. 따라서 겉으로 드러나는 이상 증세를 육안으로 잘 관찰하고 적절하게 대처해야 한다.

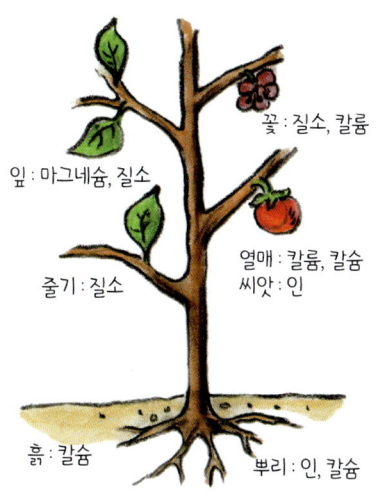

▲ 식물의 부위별로 필요한 비료 성분

식물체 내의 무기양분은 이동성에 따라서 결핍 증상이 나타나는 위치가 다르다. 비교적 이동이 잘 되는 질소, 인, 칼륨, 마그네슘, 황 등은 생장점 부위로 신속하게 이동하는 특성상 일반적으로 오래된 잎, 아래쪽 잎에서 결핍 증상이 먼저 나타난다. 반면 칼슘, 철, 붕소 등은 잘 이동하지 못하고 늙은 잎이나 아래쪽 잎에 그대로 존재하기 때문에 생장이 왕성한 생장점이나 꽃과 열매 부위에서 결핍 증상 나타난다.

비료의 분류

1 화학비료

비료는 크게 무기질 원료를 이용해 화학적으로 제조한 화학비료와 동물체나 식물체를 원료로 만든 유기질비료로 나뉜다. 화학비료는 일반적으로 물에 바로 녹고 효과가 빨리 나타나지만 잘 녹기 때문에 흙 속에서 유실되는 양도 많다. 야외 텃밭에서는 사용하기 편리하지만 화분 등 용기 재배 시에는 보조적으로 쓸 수밖에 없다. 진한 것을 한 번에 많이 주면 식물이 중독증으로 해를 입게 되므로 희석하거나 퇴비 등에 섞어서 주어야 한다. 질소, 인산, 칼륨을 작물에 따라 갖가지 비율로 화합해 만든 복합비료를 사용하면 간편하며, 물에 희석하는 물비료(4종 복합)도 농원이나 원예 종묘상에서 판매하고 있다.

2 유기질비료

유기질비료에는 깻묵, 닭똥, 퇴비 등이 있다. 화학비료를 양약이라고 한다.면 유기질비료는 한약이라고 할 수 있다. 화학비료가 속효성인데 비해 유기질비료는 효과가 두고두고 천천히 나타나는 지효성 비료다. 따라서 유기질비료는 그 효과가 오래 지속되며 비료 중독의 위험이 적고 토양개량이나 미량원소 공급 목적에 적합하다. 하지만 미리 썩혀야 하고 발효 중에 악취가 나는 결점이 있고, 아무래도 영양 성분의 양이 부족하므로 화학비료를 보조적으로 쓰는 것이 효과적이다.

【비료의 분류】

분류		비료의 종류
급원별	유기질비료	퇴비, 우분, 돈분, 계분, 깻묵, 어분, 골분, 혼합유기질, 비료 등
	무기질비료	요소, 유안, 용과린, 용성인비, 염화칼륨, 황산칼륨고토 등 각종 복합비료(고추비료, 마늘비료, 배추비료, 단한번비료 등)
성분별	질소비료	요소, 유안, 질소비료가 들어 있는 복합비료
	인산비료	용과린, 용성인비, 인산비료가 들어 있는 복합비료
	칼륨비료	염화칼륨, 화산칼륨고토, 칼륨비료가 들어 있는 복합비료
	석회질비료	소석회, 농용석회, 고토석회
	규산질비료	규산질비료, 입상광재규산
	복합비료	21-17-17 등 각종 복합비료
	4종 복합비료	나르겐, 그로민, 바이타그린 등 4종 복합비료

【화학비료와 유기질비료의 특징】

구분	흡수율	지속성	부작용	악취	미량 성분	흙의 입자 구조	가격
화학 비료	빠르다	짧다	과용하면 염려됨	없다	없다	연용하면 단립(홑알 구조)화	싸다
유기질 비료	늦다	길다	완숙하면 염려 없다	있다	있다	입단(떼알 구조)화 촉진	비교적 비싸다

퇴비 만들기

1 퇴비

흙을 부풀게 만들고 비료의 분해를 돕기 위해서는 퇴비를 주어야 한다. 퇴비를 만드는 가장 손쉬운 방법은 야채 부스러기, 낙엽, 볏짚 등에 물을 뿌려서 썩히는 것이다. 비에 맞지 않도록 비닐로 씌워두고 도중에 한두 번 뒤집어주면 100일 정도면 완전히 썩는다. 이렇게 만든 퇴비를 밭 3.3㎡당 1.5~2㎏ 정도 뿌리고 잘 섞어준다.

질소 성분은 퇴비가 잘 발효되게 해주므로 퇴비를 만들 때 생선 찌꺼기 등을 섞거나 질소비료를 첨가하면 좋다. 40×40㎝의 구덩이를 40㎝ 깊이로 판 후 봄부터 식품 쓰레기가 나오는 대로 구덩이에 5~7㎝가량 깔고 그 위에 흙을 2~3㎝ 덮는다. 이를 반복하면 가을에는 좋은 퇴비가 되어 겨울이나 봄에 이용할 수 있다. 물론 구덩이에 빗물이 들어가지 않도록 비닐 등으로 덮어주어야 한다. 그 정도면 100㎡ 정도

▲ 유기질비료

의 밭에 뿌릴 수 있는 양이 만들어진다.

일반 농가에서는 밭에 볏짚을 넣고 갈아주기도 하는데 볏짚이 완전히 썩지 않을 경우 유기질비료로서의 역할보다 토양을 부드럽게 부풀리는 효과가 더 크다. 이때도 볏짚 1㎏당 요소비료를 20g 같이 넣어 밭을 갈면 볏짚이 잘 발효된다. 한편 시중에서 판매하는 톱밥 또는 부산물로 만든 유기질비료는 효소를 발효시켜 만든 것으로 퇴비와 같은 효과를 얻을 수 있다.

2 깻묵(물비료)

참깨나 들깨 등 식물 씨앗으로 기름을 짜고 남은 찌꺼기 덩어리인 깻묵으로도 비료를 만들 수 있다. 깻묵 덩어리의 5배 정도 되는 물을 부어서 섞은 것을 2L들이 병에 담아 그늘에 두면 여름에는 20~30일, 겨울에는 30~60일 정도면 깻묵 물비료가 완성된다. 이 물비료는 오래될수록 좋은데, 위쪽의 맑은 물을 다시 일반 물에 10~20배로 희석해 10일 간격으로 주면 된다. 다 사용한 후 남은 깻묵에 다시 물을 부으면 2~3번 정도 더 쓸 수 있다.

▲ 깻묵

깻묵을 고형비료로도 만들 수 있다. 항아리에 깻묵과 같은 분량의 물을 붓고 한두 달 완전히 썩히면 냄새가 덜 나면서 비료가 완성된다. 여기에 **뼛가루**나 재 등을 깻묵 양의 1/3 정도 섞으면 더 좋은 비료가 된다. 완성된 비료를 반쯤 말려서 큰 콩 크기로 만들어 화분 가장자리에 놓으면 효과적이다. 완전히 말려서 보관해도 편리하다.

3 아미노산 비료

가정에서 구하기 쉬운 생선 찌꺼기로는 아미노산 비료를 만들 수 있다. 생선의 머리, 내장, 뼈 등을 독 안에 넣고 같은 무게의 흑설탕을 넣어 절이면 2~3일 후 액체가 생기기 시작한다. 10일 후면 물비료로 사용할 수 있다. 이렇게 만든 아미노산 비료를 물 2L에 5mL 정도 섞어서 식물의 잎에 분무하거나, 물 50L에 작물의 상태에 따라 25~50mL 정도 섞어서 토양에 뿌려주면 된다.

여기에는 여러 가지 요소들이 함유되어 있어 영양 보충 효과는 물론 벌레들이 생선 아미노산의 냄새를 싫어해 병충해 예방 효과까지 볼 수 있다. 아미노산 비료는 토양 속 미생물의 활동을 활발하게 하므로 퇴비를 만들 때 첨가하면 숙성 기간이 단축된다.

거름 줄 때 유의사항

식물은 아주 적은 양분을 천천히 흡수한다. 한꺼번에 많은 비료를 주어도 식물에 이용되는 양은 일부에 지나지 않으며 대부분은 빗물에 씻겨 사라져버린다. 따라서 가정에서 채소를 재배할 경우에는 부작용이 생기지 않도록 적은 듯하게 여러 번 나누어 주는 것이 좋다.

1 식물과 토양, 기후 조건을 고려하기

비료의 종류와 분량은 식물에 따라 각각 다르며, 생육의 단계 또는 기후와 흙의 조건에 따라서도 달라진다. 질소는 생육 초기에 중요하며 개화기나 결실기에는 인산과 칼륨을 많이 필요로 한다. 개화 무렵에 질소가 과잉되면 열매를 맺지 않는 일도 있다. 덜 발효된 퇴비를 겨울에 시비할 경우, 봄에는 효력이 없다가 여름이나 가을에 효력이 나타날 수 있기 때문에 유기질비료는 잘 썩은 것을 주고, 시비의 시기를 정확히 지켜야 한다.

화학비료는 청결하고 사용이 편리하고 값이 싸다는 이점이 있지만 토양개량과 지속성 그리고 미량원소 함량 등의 측면에서 생각하면 식물을 위해서는 유기질비료가 가장 적합하다. 따라서 밑거름으로 유기질비료를 흙과 섞어서 사용하고 덧거름으로 화학비료를 사용하는 것이 효과적이다. 물론 유기질비료만 주어도 상관없다. 인산비료는 토양 내에서 이동을 하지 않으므로 토양과 잘 혼합해 밑거름으로 주고, 석회는 산성토 개량을 위해 쓰므로 다른 비료를 주기 10일 전에 흙과 잘 섞어주어야 한다.

2 쇠약해진 식물에는 물비료

어떤 원인으로든지 쇠약해진 식물은 환자와 같은 상태다. 그러므로 기운을 차리게 하려고 많은 비료를 주는 것은 식욕이 없는 환자에게 억지로 많은 음식물을 먹이는 것과 같다. 한동안 물만 주면서 상태를 지켜보다가 환자에게 죽을 주듯이 아주 맑은 물비료를 주는 것이 좋다. 쇠약할 때에는 뿌리의 흡수 기능도 저하되므로 4종 복합비료를 엽면살포하면 효과가 크다.

3 토양의 통기성 확보

비료는 모두 물에 녹아서 식물체의 뿌리털로 흡수된다. 따라서 뿌리가 충분히 활동할 수 있도록 산소를 공급하는 일이 중요하다. 즉 흙의 통기성을 좋게 하는 일이 시비의 기초가 되는 셈이다.

4 식물의 생육과 종류에 따라 비료 선택

일반적으로 열매채소와 뿌리채소는 인산과 칼륨 비료를, 잎채소는 질소비료를 많이 필요로 한다. 밑거름으로는 비료의 3요소를 함유한 복합비료, 시판되는 피트모스, 발효 톱밥 같은 유기물, 주위에서 쉽게 볼 수 있는 가축분, 골분, 유박, 어박, 나뭇재 등의 천연 유기질비료를 완전히 발효시켜 사용하는 것이 바람직하다. 숙성이 덜 된 유기질비료는 발효

과정에서 많은 열을 내기 때문에 발아 장해나 뿌리 생육에 장해를 일으키므로 사용하지 말아야 한다.

대부분의 식물은 생육 초기에는 비료 흡수가 적고, 왕성한 생육이 이루어지는 중·후반기에는 많은 비료를 요구한다. 따라서 밑거름으로는 완효성인 복합비료가 바람직하고, 밑거름은 전체 거름 양의 50% 내외로 하고 생육 상태에 따라 웃거름으로 사용한다. 반대로 웃거름으로는 속효성 비료를 사용하는 것이 바람직하다. 즉 유안이나 요소에 황산칼륨이나 염화칼륨을 사용하거나, 질소와 칼륨이 혼합된 복합비료를 사용하면 된다. 생육 상태에 따라 복합비료를 15~20일마다 1회 사용한다.

7 작물보호제

가정에서 손쉽게 구할 수 있는 식초, 우유, 담배, 비누(주방용으로 나오는 천연 물비누가 좋다) 등으로도 식물의 해충을 없앨 수 있지만, 이러한 천연 작물보호제는 초기에만 효과가 있다.

작물보호제 종류

1 난황유, 마요네즈

달걀노른자와 식용유로 만든 난황유를 이용하면 작물보호제로도 방제가 어려운 흰가루병, 노균병 등의 곰팡이병과 응애 같은 해충에 큰 효과를 볼 수 있다. 달걀노른자 하나에 물을 조금 붓고 믹서로 잘 푼 후에 식용유(채종유, 해바라기유, 올리브유, 옥수수기름, 콩기름 등)를 넣고 다시 믹서로 5분 이상 충분히 혼합해 유액을 만든다. 이렇게 만든 난황유를 물 20L에 타서 골고루 뿌려준다.

【난황유 농도(물 20L기준)】

재료	예방 목적(0.3%)	치료 목적(0.5%)
식용유	60mL	100mL
달걀노른자	1개(약 15mL)	1개(약 15mL)

예방 목적으로는 7~14일, 치료 목적으로는 5~7일 간격으로 2~3회 뿌리면 된다. 다만 식물체에 직접 닿지 않으면 효과가 없기 때문에 작물보호제 사용량의 2배 정도로 충분히 골고루 뿌려주어야 한다. 농도가 높으면 작물의 생육이 억제될 수 있으며, 저온이나 고온(35℃ 이상) 시 또는 영양제나 작물보호제와 혼용하면 약해의 우려가 있다. 오이, 상추 등의 흰가루병, 노균병 등에 효과가 뛰어나며 상추, 토마토 등의 진딧물, 온실가루이 등에도 어느 정도 효과가 있다.

난황유 제조법이 다소 번거롭게 느껴진다면 마요네즈를 이용하는 방법도 있다. 마요네즈 100g을 소량의 물에 섞은 뒤 다시 물 20L에 희석해 사용한다. 2L 정도로 소량 제조 시에는 마요네즈 8g(예방)~13g(치료)을 작은 페트병에 넣고 소량의 물을 첨가한 후 상하로 세차게 흔들어 잘 섞인 것을 확인한 후에 물 2L에 타서 사용하면 된다.

2 식초

식초는 사람의 건강에도 좋지만 식물의 곰팡이균을 예방하고 방제하는 데도 효과가 있다. 일반 식초를 20배의 물과 희석해 병이 나기 쉬운 시기에 분무기로 뿌려준다.

3 현미식초 · 비누액

물 2L에 현미식초 2mL와 천연 물비누 3mL를 섞어서 엽면시비하면 충해 방제에 매우 효과적이다. 특히 토마토에 많은 피해를 주는 잎굴파리와 온실가루이의 방제에 좋다. 잎굴파리의 경우는 일주일 간격으로 2회 이상, 온실가루이는 3회 이상 살포해야 90% 이상 없앨 수 있으며, 온실가루이의 경우에는 흑설탕 2g 정도를 더 넣어서 주는 것이 좋다. 응애의 방제에도 효과가 있고, 토양 살균 효과도 볼 수 있다.

4 우유

우유를 희석하지 않은 채로 맑은 날 오전에 진딧물이 낀 가지에 살포하면 우유가 건조되면서 막이 생겨 진딧물이 질식해 죽는다. 우유는 신선한 것일수록 효과가 좋으나 오래 두어서 좀 상한 것도 괜찮다.

5 마늘액

마늘 한 통을 까서 잘 찧은 후 물 1L에 섞는다. 이를 고운 천으로 걸러서 5배액으로 희석해 뿌리면 살충력은 없지만 벌레를 모여들지 못하게 한다.

6 마늘·석유액

마늘 80g을 찧은 후 그 액에 석유 2작은술을 넣어 24시간 둔다. 이 액에 물 1L와 천연 물비누 10mL(또는 비누 10g 녹인 것)를 잘 섞어서 천으로 거른다. 살포할 때는 100배로 희석해 사용한다. 해충의 성충뿐 아니라 유충에도 효과가 있으며, 병에도 어느 정도 효과 있다.

7 담배 니코틴

담배 10~15개 분량을 까서 필터를 없애고 물 1L에 3시간 정도 담가둔다. 이를 고운 천으로 걸러서 천연 물비누 5mL(또는 비누 5g 녹인 것)를 섞어 사용한다. 분무기로 뿌리면 되는데, 분무기가 없을 때는 물뿌리개로 뿌려도 좋다. 특히 진딧물에 효과가 있다. 5일이 지나면 효력이 떨어지므로 그 안에 사용해야 한다.

화학 작물보호제

화학 작물보호제의 경우 과거에 사용되던 맹독성 작물보호제는 대부분 사라졌지만 여전히 독성이 강한 것이 많다. 요즘에는 잔류 독성이 사회문제로 대두되고 있으므로 식물의 병이 갑자기 심해졌거나 벌레가 많아 부득이 작물보호제를 사용해야 한다.면 사용법에 따라 적기에 적당량을 써야 한다.

화학 작물보호제는 대개 사용 목적에 따라 살충제와 살균제로 나뉜다 식물호르몬을 제품화한 식물 생장 조정제도 작물보호제로 구분한다.

▲ 시판되고 있는 화학 작물보호제

살충제

1 살충제의 종류

식물에 해가 되는 곤충을 죽이는 약제인 살충제에는 접촉제, 침투성 살충제, 미생물 약제 등이 있다.

2 접촉제

약제가 벌레의 피부에 묻으면 살충력이 나타나는 직접 접촉제(니코틴제, 기계유제)와 약제가 해충에 접촉됐을 때뿐만 아니라 뿌린 후에도 해충이 접촉하면 죽게 하는 잔효성 접촉제(알파사이퍼메트린 등)가 있다.

3 침투성 살충제

줄기나 잎뿐 아니라 뿌리(토양)에 처리해도 약제가 식물체에 침투하고, 즙액이 식물체 전체로 퍼지면서 약제 성분이 벌레의 몸속으로 들어가 죽게 만드는 약제다. 진딧물 약제에 많다.

▲ 침투성 살충제

4 미생물 약제

최근에 개발된 미생물 약제는 BT라는 미생물을 이용해 해충이 먹으면 소화관 내에서 독소가 활성화되어 살충력이 생긴다. 생물 환경에 미치는 영향이 적은 생물학적 살충제다.

5 기타

곤충 내의 생장호르몬 유사체를 이용해 특정 해충에만 작용한다. 익충과 천적에 대한 해가 적고 인체에도 비교적 안전한 호르몬제, 밀폐된 장소에서 약제에 불을 붙여 가스를 이용하는 훈연제(훈증제) 등이 있다.

살균제

병균이 식물체에 침입하는 것을 막아주는 보호 살균제(석회보르도액, 구리분제, 황)와 병균의 침입은 물론 식물체에 침입해 있는 병균까지 죽이는 침투성 살균제가 있다. 근래에는 침투성 살균제에 보호 살균제의 역할을 첨가한 약제가 많다.

작물보호제의 취급

작물보호제는 아무리 저독성이라고 해도 인체에 직접 닿으면 위험하므로 절대 어린이의 손에 닿지 않는 곳에 보관하고, 어른도 다른 약품들과 혼동하지 않도록 따로 보관함을 만들어 잠가놓는 것이 좋다.

일단 개봉한 뒤에는 오래 두면 약효가 떨어지고 좋지 않으므로 소량씩 포장되어 있는 가정원예용 약제를 구입하면 한 번에 한 포씩 나눠 쓸 수 있다.

안내된 사용법에 따라 물에 희석하면 되는데, 희석 배수가 표기되어 있다면 다음 표에 따라 희석하면 된다.

【작물보호제의 희석 배수(단위 G)】

희석 배수	물 1L당	물 2L당	물 5L당
50배	20.0	40.0	100.0
100배	10.0	20.0	50.0
200배	5.0	10.0	25.0
400배	2.5	5.0	12.5
500배	2.0	4.0	10.0
1,000배	1.0	2.0	5.0
1,500배	0.7	1.3	3.4
2,000배	0.5	1.0	2.5
2,500배	0.4	0.8	2.0
3,000배	0.3	0.7	1.7

작물보호제의 형태별 구분

- 수화제 : 고운 분말로 물에 타서 쓰는 약제이다.(물에 타기 전에 바람에 잘 날리는 것이 흠이다.)
- 유제 : 많은 양의 물에 희석하면 희뿌연 유탁액(乳濁液)이 되는 액체 상태의 약제이다.
- 액상수화제 : 액체 상태로 물에 희석하여 쓰는 약제이다.
- 입상수화제 : 수화제와 같이 물에 타서 쓰지만 과립형이라 바람에 날리지 않는다. 수용성 입제도 비슷한 성질이다.
- 입제 : 과립형으로 토양에 뿌리면 물에 녹아 뿌리를 통해 흡수되면서 식물체 전체로 퍼지는 약제이다.
- 분제 : 고운 분말 형태로 물에 타지 않고 토양이나 식물체에 직접 뿌려주는 약제이다.

【채소에 생기는 주요 해충과 방제 작물보호제】

해충	살충제(상품명)	대상 작물	독성
진딧물	이미다클로프리드 (코니도, 베테랑, 노다지)	수화제 : 고추, 감자, 오이, 들깨, 각종 잎채소	저독성, 침투성
		입제 : 수박, 감자, 고추, 참외	〃
	피메트로진(체스)	수화제 : 고추, 오이, 들깨, 각종 잎채소	〃
	비펜트린(타스타)	수화제 : 수박, 아욱, 근대	저독성, 접촉독
		유제 : 배추, 고추	〃
	알파사이퍼메트린 (화스탁)	유제 : 고추, 피망, 배추, 들깨, 엔다이브, 쑥갓	보통 독성, 접촉독
온실 가루이	피리프록시펜 (신기루)	유제 : 토마토, 오이, 가지	저독성, 호르몬제
	스피노사드 (부메랑, 올가미)	입상수화제 · 액상수화제 : 토마토	저독성, 접촉독
	티아메톡삼 (아타라)	입상수화제 : 오이, 고추, 피망, 감자	저독성, 침투성
총채 벌레	스피노사드 (부메랑)	수화제 : 오이, 감자, 쪽파, 상추, 가지	저독성, 접촉독
	에마멕틴벤조에이트 (에이팜)	유제 : 오이, 감자, 고추, 피망, 가지, 상추	〃
	클로르페나피르 (렘페이지)	유제 : 오이, 가지	〃
	티아메톡삼 (아타라)	입상수화제 : 오이, 고추, 피망, 감자	저독성, 침투성

해충	살충제(상품명)	대상 작물	독성
선충	에토프 (모캡, 젠토캡, 원톱)	입제 : 고추, 마늘	저독성, 침투성
	카보 (후라단, 큐라텔, 카보단)	입제 : 당근	보통 독성, 침투성
배추 흰나비, 좀나방, 명나방	비티아이자와이 (젠타리)	입상수화제 : 배추, 오이, 쪽파, 부추, 쑥갓, 브로콜리	저독성, 미생물제
	비티쿠르스타키 (그물망)	액상수화제 : 배추	〃
	다이아지논 (다이아톤)	분제 : 배추	저독성, 접촉독
	람다사이할로트린 (주렁)	수화제 : 고추, 배추	〃
	사이퍼메트린 (피레스, 강심장)	유제 : 배추	보통 독성, 접촉독
굴파리	카탑하이드로 클로라이드(파단, 쎄다)	입제 : 토마토	저독성, 침투성
	에토펜프록스	수화제 : 감자	저독성, 접촉독
	스피노사드 (올가미, 부메랑)	입상수화제 : 토마토, 가지, 박과채소	〃

주요 해충의 피해

1 진딧물

진딧물은 식물체의 즙액을 빨아먹고 배설물로 당분을 분비하기 때문에 피해 부분인 잎 표면이 검은색으로 변하여 지저분하게 된다 또 식물에 상처를 줌으로써 여러 가지 병원균이나 바이러스 감염의 원인이 되기도 한다.

▲ 진딧물

2 굴파리

굴파리는 두더지처럼 굴을 잘 판다고 해서 붙여진 이름이다. 굴을 파는 장소가 땅속이 아니라 식물의 잎으로, 잎에 구멍을 내고 산란해서 뱀처럼 구불구불한 터널이 만들어진다.

▲ 굴파리

3 총채벌레

유충은 주로 담배잎을 갉아먹으며 고추나 토마토의 열매 속으로 파고들어가 구멍을 뚫어놓고 열매를 떨어뜨리기도 한다.

4 담배나방

담배나방은 잎의 즙액을 흡수하므로 피해 잎은 일찍 굳고 영양분도 빼앗겨 사료 가치가 떨어진다.

▲ 총채벌레　▲ 담배나방

5 온실가루이

온실가루이는 보통 잎 뒷면에 산란하는데 고온을 좋아하며 단기간에 급속히 증식되므로 방제가 까다롭다. 흡즙에 의한 작물 피해뿐만 아니라 배설물이 그을음병을 유발하기 때문에 상품 가치를 떨어뜨린다.

▲ 온실가루이

6 배추좀나방

배추좀나방의 유충은 잎맥을 따라 잎살만 먹는다. 자라면서 잎 뒷면에 기생하며 겉껍질만 남기고 갉아먹는다. 피해가 심하면 작물 전체가 희게 보인다. 주로 배추, 양배추, 무 등의 잎을 먹는다.

▲ 배추좀나방

7 선충

선충은 작물의 뿌리, 줄기, 잎 등에 기생하여 양분의 이동 통로를 막고 양분을 탈취해 피해를 준다. 특히 시설 원예지에 이어짓기를 하면서 생기는 선충 피해가 많은데 20~30%의 수확량 감소를 가져오기도 한다.

▲ 선충

식물의 병

식물의 병은 크게 가장 흔한 곰팡이병(진균)과 세균병, 바이러스병 이렇게 세 가지로 나뉜다. 바이러스병은 주로 진딧물과 같은 해충에 의해 감염되므로 해충 방제가 바이러스 방제로 이어진다. 곰팡이균과 세균을 죽이는 약제는 각각 성질이 다르므로 혼동해서 사용하면 전혀 효과를 볼 수 없다.

곰팡이병

잘 보면 곰팡이의 일부인 회색 혹은 흰색의 실 모양 균사, 가루 모양의 포자, 쥐똥 모양의 균핵, 핑크색의 점물질 등을 볼 수 있는 경우가 많다. 물러 썩는 경우는 드물고 대부분 잎이나 줄기에 생긴 병의 무늬가 일정하다. 썩을 때도 말라 썩는 경우가 흔하다.

잿빛곰팡이병

1 병징

열매, 잎, 가지 등 식물체 모든 부위에 발생하며 병반 위에 잿빛의 곰팡이가 빽빽하게 퍼지는 것이 특징이다. 대부분 떨어진 꽃이나 꽃잎이 붙어 있는 부분에서부터 병반이 시작되며, 과일은 상처 부위나 꽃잎이 떨어지지 않은 배꼽 부분부터 발생하는 일이 많다.

2 발생환경

노지보다 시설 재배지에서 피해가 크며 2~5월에 심하다. 병 발생에 가장 중요한 요인은 습도이며 포화습도에 가까울수록 심하고, 온도는 15~22℃가 발병적온이다. 저온기, 저습지에서 발생이 많고 특히 비가 자주 오거나 밤낮의 기온차가 심할 때 피해가 크다. 또한 식물을 빽빽하게 심거나 질소비료를 과다하게 사용하여 식물체가 웃자라거나 통풍이 불량할 때도 많이 발생한다.

▲ 잿빛곰팡이병

3 방제방법

① 병든 식물체는 신속히 제거한다.
② 가급적 습도가 높지 않도록 환기를 조절한다.
③ 질소비료의 과용을 금하고 시설 내 온도를 높여준다.
④ 약제 살포 시 수화제보다는 훈연제를 사용하는 것이 습도 조절에 효과적이다.
⑤ 병원균의 내성이 생기지 않도록 약제를 빈갈아 살포한다.
⑥ 방제 약제 : 디에토펜카브, 가벤다 수화제(깨끄탄), 빈졸 수화제(놀란), 폴리옥신 수화제

노균병

1 병징

아랫잎에서 발생이 시작되어 위로 진전되는데 처음에는 잎에 부정형의 반점이 형성되고 점차 진전되면 엷은 황색을 띤다. 심해지면 병반은 각이 져서 나타나고 병반과 병반이 합쳐져 잎 전체가 고사한다. 잎 뒷면에는 이슬처럼 보이는 곰팡이가 빽빽하게 자라나 흰색(무, 배추, 상추) 또는 회갈색이나 흑회색(박과류)으로 보인다.

▲ 노균병

2 발생환경

온도가 낮고 습도가 높을 때 특히 봄, 가을에 밤낮의 기온차가 심하면 많이 발생한다. 또한 질소의 시비량이 적어 식물체의 생육이 좋지 않을 때 피해가 크다. 이어짓기할 때 잔재물이 누적되어 많이 발생한다.

3 방제방법

① 병든 잎은 가급적 빨리 제거한다.
② 관배수를 잘 하여 습도가 높지 않도록 관리하고, 통풍과 투광을 좋게 한다.
③ 충분한 시비로 영양 부족 현상이 나타나지 않도록 한다.
④ 물방울이 장시간 맺혀 있지 않도록 주의한다.
⑤ 약제 살포 시 잎 뒷면에 잘 묻도록 살포한다.
⑥ 방제 약제 : 메타실 수화제, 쿠퍼 수화제, 프로피 수화제

흰가루병

1 병징

주로 잎에 발생한다. 처음에는 잎의 표면에 소량의 흰 가루가 빽빽하게 나며, 진전되면 잎 전체가 흰 가루로 뒤덮인다. 오래된 병반은 흰 가루가 회백색으로 변하고, 흑색의 작은 점들이 형성된다.

2 발생환경

고온보다는 저온에서 잘 발생하나 온도 범위가 매우 넓으며, 다습한 환경뿐만 아니라 건조한 환경에서도 잘 발생한다. 밤낮의 기온차가 심한 봄과 가을에 발생이 심하고, 고토 및 인산이 부족한 토양이나 질소비료 과용 시 발생이 많아진다.

▲ 흰가루병

3 방제방법

① 병든 아랫잎은 빨리 제거한다.
② 수확 후 병든 잔재물은 제거 소각한다.
③ 밀파(빽빽하게 심는 것)를 피하고, 균형 시비로 작물 생육을 튼튼하게 한다.
④ 일조 및 통풍을 좋게 하고 과습하지 않도록 물주기와 물 빠짐에 유의한다.
⑤ 방제 약제 : 마이탄 수화제, 피라조 유제, 비타놀 수화제

탄저병

1 병징

고추 탄저병은 주로 열매에 발생하며 처음에는 물에 데친 모양의 약간 움푹 들어간 원형 반점이 형성되고, 진전되면 부정형의 겹무늬 증상으로 나타난다. 병반상에는 담황색의 포자덩이가 형성된다. 박과류 탄저병은 과일, 잎, 줄기에 발생하여 원형 내지 부정형의 갈색 반점이 형성되고, 과일에는 움푹 들어간 병징이 나타난다.

▲ 탄저병

2 발생환경

생육 기간 중 강우가 잦을 때 심하게 발생하며, 여름비가 자주 와서 날씨가 습하고 서늘할 때는 노지에서도 심하게 발생한다.

3 방제방법

① 내병성이 강한 품종, 건전한 씨앗, 무병묘를 사용한다.
② 병든 식물체는 신속히 제거한다.
③ 질소비료의 과용을 피하고 칼륨·인산·규산 비료를 충분히 시용한다.
④ 이어짓기와 빽빽하게 심는 것을 피하고 통풍이 잘되게 한다.
⑤ 비 오기 직전이나 직후에 약제를 살포하는 것이 효과적이다.
⑥ 방제 약제 : 타로닐 수화제, 메타실엠 수화제, 프로파 수화제

덩굴마름병

1 병징

잎, 줄기, 과일에 발생한다. 줄기에는 처음 불규칙한 회갈색 병반이 형성되고, 심하면 그루 전체가 말라 죽는다. 잎이나 과일에 황갈색의 작은 반점이 나타나고, 점차 진전되면 원형 내지 부정형의 대형 병반이 형성되며 병반 위에는 흑색 작은 점들(병자각)이 형성된다.

▲ 덩굴마름병

2 발생환경

생육기에 비가 잦거나 음습한 날씨가 계속될 때 심하게 발생한다. 시설 재배 시에는 저온, 다습, 통풍과 배수가 나쁜 곳에서 많이 발생하며, 생육 후기 비료의 기운이 떨어질 때 많이 발생한다.

3 방제방법

① 건전한 씨앗을 선택하거나 씨앗 소독을 한다(베노람 등).
② 병든 식물은 일찍 제거하고 수확 후 잔재물을 깨끗이 치운다.
③ 통풍과 배수가 잘 되도록 한다.
④ 병 발생이 심한 밭에서는 박과 작물 재배와 이어짓기를 피하고 돌려짓기한다.
⑤ 물을 지나치게 많이 주어 밭의 습도가 높지 않도록 한다.
⑥ 방제 약제 : 프로파 수화제, 비타놀 수화제

잎곰팡이병(토마토)

1 병징

주로 잎에 발생한다. 잎의 표면에 담황색의 윤곽이 희미한 무늬가 생기며 잎맥에 싸이고 그 뒷면에는 회갈색 곰팡이의 분생포자가 생긴다. 열매에는 꼭지를 둘러싸는 검은 무늬가 생기며 단단해지고 약간 움푹해진다.

2 발생환경

노지에서도 발생하나 시설 재배에서 상대습도 80% 이상으로 다습하며 환기가 나쁘고 온도가 22℃ 정도일 때 심

▲ 잎곰팡이병

하게 발병하며, 15~20℃에서는 현저히 발병이 억제된다. 너무 빽빽하게 심어 통풍이 나쁘면 포기 내의 습도가 높아져 발생이 심화된다. 생육 후기에 비료의 기운이 떨어져 식물이 쇠약할 때 발생이 많다.

3 방제방법

① 씨앗 소독, 온실의 환기 및 배수에 유의한다.
② 돌려짓기하고 품종에 따라 발병에 차이가 있으므로 저항성 품종을 재배한다.
③ 충분한 시비로 영양 부족 현상이 나타나지 않도록 한다.
④ 병든 식물체는 발견 즉시 제거하고 수확 후 병든 식물체가 남지 않도록 한다.
⑤ 방제 약제 : 리프졸 훈연제(트리후민), 사프롤 유제, 지오판 수화제(톱신엠)

검은별무늬병

1 병징

호박, 오이 등 주로 박과 채소류를 침해하며, 잎, 열매, 줄기에 발생한다. 잎에는 황갈색의 반점이 생기고 점차 지나면 별 모양의 천공이 된다. 줄기에는 움푹 들어간 별 모양의 연한 갈색 반점이 생겨 진물이 나오고 심한 경우에는 병반이 확대 부패되어 줄기 상부 전체가 고사한다. 열매에는 움푹 들어간 연한 갈색의 반점이 생겨 진물이 나오고 마른 후 흉터와 같은 더뎅이 증상이 남기 때문에 상품 가치를 잃게 된다.

▲ 검은별무늬병

2 발생환경

온도가 낮고 흐린 날이 많아 습기가 많을 때 주로 발생한다. 보통 기온이 17℃ 전후가 될 때 발생하며, 특히 시설 재배 후 비닐을 제거해 날씨가 차면 심해진다. 오이와 호박에 피해가 크다.

3 방제방법

① 병든 식물체는 발견 즉시 제거한다.
② 건전한 씨앗을 사용하고, 반드시 씨앗 소독을 한다.
③ 시설 내 환기, 제습, 통풍, 투광 등에 유의한다.
④ 방제 약제 : 베노밀 수화제, 폴리옥신 수화제

균핵병

1 병징

줄기나 잎이 땅에 닿는 부위, 줄기와 곁가지 사이, 시든 꽃잎, 상처 부위에 주로 발생하고, 열매에도 발생한다. 병든 부위는 물에 데친 모양으로 되고, 급격히 시들며, 후에는 황갈색으로 된다. 병환부에는 눈처럼 흰 곰팡이 덩어리가 생기며 이것이 후에는 쥐똥 모양의 균핵으로 변해서 병환부에 붙어 있다. 눈처럼 흰 곰팡이와 쥐똥 모양의 균핵이 이 병의 특징이다.

▲ 균핵병

2 발생환경

온도를 높이지 않는 시설 재배 시 온도가 낮고 흐린 날이 잦아 습기가 많을 때 주로 발생한다. 기주(숙주) 작물의 범위가 넓으므로 이어짓기할 때 전염원의 밀도가 다른 병해보다 크게 증가한다. 질소비료를 과다하게 사용하여 연약하게 자라면 피해가 커지며 쇠약한 식물이 쉽게 병에 걸린다.

3 방제방법

① 상습 발생지는 벼과 작물로 돌려짓기한다.
② 토양을 깊이 갈아서 균핵을 묻는다.
③ 과습을 피하고 시설 내 온도를 20℃ 이상으로 높인다.
④ 2~3개월 담수하거나 논으로 전환하여 벼를 재배한다.
⑤ 상습 발생지의 토양은 토양훈증제로 소독하거나 고온기에 태양열로 토양 소독을 실시한다.
⑥ 방제 약제 : 프로파 수화제, 베노밀 수화제

역병

1 병징

물과 관련이 깊은 곰팡이균의 일종으로 생육적온은 28~30℃이나, 토마토 잎과 줄기에 역병을 일으키는 역병균은 18~20℃가 적온으로 4~5월과 10월에 많이 발생한다. 줄기, 과일, 잎에 발생하며, 주로 땅에 닿는 부분의 줄기에 감염되어 포기 전체를 고사시킨다. 땅에 닿는 부분의 줄기는 적황색으로 변색되고, 과일은 물에 데친 모양으로 부패하며 오래된 병반에는 하얀 균사가 빽빽하게 난다.

▲ 역병

2 발생환경

대표적인 토양 병원균으로 토양 속에서 2~8년간 생존이 가능하다. 병원균은 2개의 헤엄털을 가지고 있는 유주자를 만들어 관개용수를 따라 이동해 식물체에 침입한다. 과습한 토양과 비가 많은 해에 피해가 크다. 동일 작물을 이어짓기할 때 많이 발생하며 특히 재배 기간 중 가뭄 피해를 입었던 밭에 많다.

3 방제방법

① 물 빠짐을 좋게 하여 준다.
② 상습 발생지는 2~3년간 돌려짓기한다.
③ 퇴비나 석회를 시용하여 토양을 개량하고 균형 시비를 한다.

④ 병든 식물체는 발견 즉시 제거한다.
⑤ 장마철에 급격히 만연하므로 장마철이 시작되기 전이나 직후에 반드시 약제를 살포한다.
⑥ 방제 약제 : 메타실동 수화제, 쿠퍼 수화제, 알리펫 수화제

시들음병

1 병징

대표적인 토양 병원균으로 토양 속에서 수년간 생존하며, 식물체 줄기의 도관(물관)을 변색시킨다. 병원균의 최적 발육적온은 23~27℃ 내외이며, 땅 온도가 20℃ 전후일 때가 발병 적온이다. 모종이 어릴 때에는 주로 잘록 증상을 나타내며, 생육기에는 포기의 일부 또는 전체에 시들음 증상이 나타낸다. 보통 줄기가 땅에 닿은 부분부터 관다발 부위가 갈색으로 변색되며 잔뿌리는 썩고 원뿌리만 남는다. 오이에서 줄기의 한쪽에 발병하면 병든 부분은 세로로 길게 쪼개진다. 덩굴쪼김병, 위황병이라고도 한다.

▲ 시들음병

2 발생환경

토양 병으로 모래가 많이 섞인 사질 토양에서 잘 발생하며, 토양 내 습도 변화가 심한 토양이나 질소비료를 과다 사용할 때 많이 발생한다. 이어짓기 시 그 피해가 점차 증가하며, 특히 산성토양이나 유기물이 부족한 토양에서 피해가 크다.

3 방제방법

① 접목재배로 피해를 막을 수 있다(박과류 : 박, 호박 대목 사용 / 가지과류: 동일 작물 저항성 대목 사용).
② 보수력이 좋은 토양에서 재배한다.
③ 비기주 작물로 2~3년 이어짓기한다.
④ 씨앗 소독을 실시한다.
⑤ 석회 및 유기질비료를 사용해 토양을 개량한다.
⑥ 다조메 등 작물보호제로 토양을 훈증소독하거나 고온기에 태양열로 토양 소독을 하면 효과적이다.

무사마귀병

1 병징

4~5월과 8~9월경 비교적 온도가 낮고 비가 자주 와서 습할 때 이어짓기 재배지에서 잘 발병한다. 무, 배추, 양배추 등 십자화과 채소에만 발생하고, 특히 가을배추와 무에 피해가 크다. 병든 식물은 생육이 쇠퇴하고 왜소하게 되며, 잎은 황색으로 변해 점차 아랫잎부터 늘어진다. 뿌리에는 크고 작은 여러 개의 혹이 붙어 있는데 병든 뿌리는 점차 갈색으로 변해 부패하다가 소실된다.

▲ 무사마귀병

2 발생환경

 pH6 이하의 산성토양에서 심하게 발생하고 pH7.2 이상의 알칼리성 토양에서는 발병하지 않는다. 병원균이 물을 따라 이동하므로 병원균 생장에 토양 수분이 필수적이며, 토양 수분이 45% 이하면 병원균이 발아하지 않고, 이어짓기로 토양 내에 병든 뿌리가 누적되면 발생이 증가한다.

3 방제방법

① 발병이 심한 곳은 이어짓기를 피한다.
② 십자화과 이외의 작물로 2~3년간 돌려짓기한다.
③ 물 빠짐이 나쁜 저습지나 점토질 토양을 피하고 배수에 유의한다.
④ 병든 뿌리는 다음 해의 전염원이 되므로 철저히 제거한다.
⑤ 상습 발생지에서 가을 재배를 할 때는 씨뿌리기를 늦추어 발병 적기를 피한다.
⑥ 토양에 따라 100㎠당 100~250㎏의 소석회를 사용해 토양을 중성이나 알칼리성으로 개량한다.
⑦ 품종 간 발병 차이가 있으므로 저항성 품종을 재배한다.
⑧ 방제 약제 : 플루아지남 분제와 플루설파마이드 분제

【주요 곰팡이병과 살균제】

해충	살균제(상품명)	대상 작물	독성
모잘록병	에트리디아졸(안타)	유제 : 오이	저독성, 토양 살균
	에트리디아졸(가지란)	수화제 : 고추, 오이	〃

해충	살균제(상품명)	대상 작물	독성
잿빛 곰팡이병	프로사이미돈 (스미렉스)	수화제 : 딸기, 오이, 토마토, 고추, 피망, 부추	저독성, 예방·치료
	티오파네이트(톱신엠)	수화제 : 딸기, 토마토, 부추	저독성, 보호 살균
	폴리옥신비(포리옥신)	수화제 : 고추, 들깨, 상추, 쪽파	저독성, 예방·치료
역병	프로파모카브(프리엔)	액제 : 고추, 피망	저독성, 예방·치료
	메타실엠(리도밀엠지)	수화제 : 고추, 감자	〃
흰가루병	비터타놀(바이코)	수화제 : 오이, 참외, 가지, 단호박, 우엉	저독성, 예방·치료
	페나리몰(훼나리)	유제 : 오이, 수박, 참외, 딸기, 가지, 우엉	〃
	헥사코나졸	액상수화제 : 수박, 참외, 오이, 취나물	〃
노균병	코퍼하이드록사이드 (코사이드, 쿠퍼)	수화제 : 오이, 배추	저독성, 보호 살균
	만코지(다이센엠-45)	수화제 : 양파	〃
	메타실(리도밀)	수화제 : 배추	저독성, 예방·치료
	포세칠알(알리에테)	수화제 : 배추, 오이, 참외	〃

해충	살균제(상품명)	대상 작물	독성
탄저병	디티아논(탄저왕)	수화제 : 고추, 피망	저독성, 예방·치료
	카벤다짐가스신(고추탄)	수화제 : 고추, 피망, 수박	〃
	만코지(다이센엠-45)	수화제 : 수박	저독성, 보호 살균
	베노밀(벤레이트)	수화제 : 수박, 고추	〃
	지오판(톱신엠)	수화제 : 고추, 피망	〃
잎 곰팡이병	프로피(안트라콜)	수화제 : 토마토	저독성, 보호 살균
	폴리옥신비(더마니)	수용제(입상) : 토마토	저독성, 예방·치료
균핵병	베노밀(벤레이트)	수화제 : 상추	저독성, 보호 살균
	바실루스 서브틸리스엠27(단짝)	고상제 : 상추	저독성, 예방·치료

※ 위 상품 외에도 유사 작물보호제품이 많음

세균병

대개 물러 썩거나 병의 무늬가 물에 데친 것같이 생기고 불규칙하다. 병든 부위에서는 고약한 냄새가 나고, 공기 중 습도가 높을 때는 병든 부위에서 고름과 같은 점액이 나오기도 한다. 심해서 말라 죽게 된 부위로는 곰팡이병과 구분하기 어렵다. 대부분 30℃ 이상의 고온을 좋아하지만 건조에는 매우 약하고 습도가 높으면 세균병이 번지게 된다. 세균에 의해 채소에 생기는 병은 5~6가지에 불과하다.

무름병

1 병징

배추에서는 잎, 줄기, 뿌리에 발생하는데 상처 부위에서 처음 시작해 좌우 상하로 발전하며 마지막에는 조직이 크림처럼 변해 악취를 내고 배추의 일부 또는 전체가 시들어 죽는다. 흰썩음병이라고도 한다. 무, 배추, 상추에 주로 발병한다.

▲ 무름병

2 발생환경

토양 병원균이므로 이어짓기에 의해 토양 내 병원균의 밀도가 증가하며 잎이 차오르는 결구기 이후 고온다습할 때 발생이 많다. 토양 해충이나 선충에 의한 상처로 침입한다. 질소비료 과다가 이 병의 발병을 조장한다.

3 방제방법

① 내병성 품종을 재배한다.
② 발생지에는 벼과나 콩과 작물로 돌려짓기한다.
③ 병든 식물체는 발견 즉시 제거하고 수확 후 병든 식물체가 남지 않도록 한다.
④ 식물체에 상처가 나지 않도록 주의한다.
⑤ 질소비료의 과용을 피하고 물 빠짐이 좋은 땅에 재배한다.
⑥ 약제는 예방적으로 살포하지 않으면 방제 효과가 거의 없다.

풋마름병

1 병징

발병 초기에는 식물체의 지상 부위가 푸른(녹색) 상태로 시들고 병이 진전되면 2~3일 만에 급속히 시들며 말라 죽는다. 줄기의 내부는 갈색으로 변하고, 밑동을 잘라 물에 담가두면 하얀 우윳빛 점액이 흘러나온다.

2 발생환경

토마토와 고추를 좋아하는 세균으로 토양 속에 서식하며 생육적온은 35~37℃이다. 중성토양에서 잘 자란다.

3 방제방법

이어짓기할 때 잘 나타나므로 상습 발생지에서는 가급적 재배를 피해야 한다. 약제 방제가 잘 안 되므로 병이 생긴 포기는 빨리 제거하되 잔재물이 남지 않도록 밭의 위생을 잘 관리해야 한다.

세균성점무늬병(반점세균병)

1 병징

가지과와 박과 작물의 잎이나 열매에 물에 데친 듯한 황색 무늬가 생기고 과습하면 황색의 세균 점액이 생긴다. 심해지면 잎이 다 떨어진다.

2 발생환경

토마토보다는 고추에서 가끔 발생하며, 특히 비가 많이 내려 다습한 날이 계속되면 심하게 나타난다.

▲ 세균성점무늬병

3 방제방법

이어짓기와 배수가 나쁜 습한 땅을 피하고 유기물을 충분히 주되 질소 비료의 과용을 피한다. 약제로는 마이신 계통이 있긴 하나 예방 위주로 해야 한다.

【주요 세균병과 살균제】

분류	분류	분류	분류
무름병	스트렙토마이신 (농용신)	수화제 : 배추 등	저독성, 항생제
	옥솔린산(일품)	수화제 : 배추	저독성, 침투성
	코퍼 · 가스가마이신 (가스란)	수화제 : 배추	저독성, 예방 · 치료
세균성 점무늬병	코퍼 · 가스가마이신 (가스란)	수화제 : 고추 등	저독성, 예방 · 치료
	옥시테트라사이클린 · 스트렙토마이신황산염 (아그리마이신)	수화제 : 고추 등	저독성, 항생제
	트리베이식코퍼설페이트 (새빈나)	액상수화제 : 고추	저독성, 보호 살균

※ 위 상품 외에도 유사 작물보호제품이 많음

바이러스병

바이러스병은 거의 모든 작물에 치명적인 피해를 입힌다. 진딧물에 의해 잎과 열매가 쭈글쭈글해지는 모자이크 증상이 가장 흔하게 나타난다. 진딧물 몸속에 있는 바이러스균이 식물체로 전달되는 것이다. 물러 썩거나 물에 데친 것 같은 증세는 없고, 주로 잎에 황갈색 반점들이 모자이크 모양으로 나타나면서 쭈그러든다. 열매도 기형으로 쭈그러드는 현상이 나타난다. 주로 배추, 오이, 수박, 참외, 상추, 시금치, 마늘, 고추, 토마토에 잘 걸린다.

무성번식의 경우 식물체가 바이러스균을 지닌 상태에서 성장하면 해가 거듭됨에 따라 점차 그 피해가 심해져서 수량이 줄어든다. 유성번식에서는 그런 문제가 거의 생기지 않는다.

1 병징

바이러스병들은 서로 비슷해 구분하기가 매우 어렵다. 오이녹반모자이크바이러스의 경우 잎에 불규칙한 얼룩무늬가 생기거나 황색의 모자이크 증상이 나타나며 심한 경우 녹색 부분이 튀어나오는 수도 있다. 열매껍질의 표면에 짙은 녹색으로 약간 둥근 모양의 괴저 반점이 생기며 수박의 경우 과육 내에 황색의 섬유 줄기를 지닌 피수박이 발생하기도 한다. 멜론모자이크바이러스도 수박에 많이 발생하는데 황색 모자이크 증상이나 반점이 나타나며 심하면 잎이 고사리처럼 가늘어지고 위축되며 기형과가 열리기도 한다.

2 발생환경

박과류에 발생하는 바이러스병은 서로가 기주로 되어 있으나 발생 정도나 피해의 차이는 기주마다 다르다. 오이녹반모자이크바이러스는 씨앗이나 토양 속에 있는 병든 잔재물이 1차 전염원이며, 주로 대목 씨앗에 의해 감염된 바이러스가 접목하는 과정에서 다른 주에 감염되는 것이 가장 보편적이다. 오이녹반모자이크바이러스에 한번 감염되면 뿌리와 잔재물이 토양 속에 남아 다음 작기에도 감염되는 것으로 알려져 있다. 멜론모자이크바이러스는 주로 진딧물에 의해 전염되며 접목 시 접촉에 의해서도 전염된다. 1차 전염원은 병든 식물에서 비롯되는 것으로 알려져 있다.

3 방제방법

① 발병이 심한 밭에는 박과 이외의 작물로 돌려짓기한다(공통).
② 매개충인 진딧물을 철저히 방제한다(오이모자이크바이러스, 멜론모자이크바이러스).
③ 병든 식물체는 즉시 제거해야 한다(공통).
④ 접목이나 가지치기를 할 때 사용 기구를 3인산소다 10%액에 소독해 사용한다(공통).
⑤ 씨앗을 3인산소다 10%액에 20분간, 이후 물에 10분간 담갔다가 뿌린다(공통).
⑥ 토양으로 전염되므로 토양을 철저히 관리한다(오이녹반모자이크바이러스).

⑨ 땅에서 키우기

  온도가 높고 수분이 많거나 일조량이 부족한 경우, 식물체가 번잡하여 바람이 잘 안 통할 때 지상부에 병해충이 많이 생긴다. 또 밭에서 물이 잘 빠지지 않을 경우나 산성토양일 경우에 뿌리 쪽을 통하여 병해충이 생기기 쉽다. 온도는 대부분 생육적온보다 다소 높게 유지하는 것이 좋다. 그러나 밭에 옮겨심기 3일 전부터는 바깥 기온과 비슷하게 좀 낮은 온도로 관리하여 모종을 단련시키는 것이 옮긴 후 몸살을 방지하는 방법이다.

  텃밭, 베란다, 옥상 등 재배 장소는 달라도 기본적인 관리 방법은 비슷하다. 다만 재배 과정에 조금씩 차이가 있으므로 장소에 따라 유의하여 작물을 재배해보자. 작물별로 좋아하는 환경과 자라는 습성이 다르므로 여기에서는 재배 장소에 따른 기본적인 재배 과정을 살펴보고, 각 작물별 재배 방법은 다음 장에서 알아보도록 한다.

밭 만들기

흙을 모래알처럼 따로 노는 단립 상태에서 폭신폭신한 입단 상태로 만들기 위해서는 우선 밭을 갈아줘야 한다. 갈기 전에는 필요에 따라 퇴비, 석회, 토양개량제 등을 넣고 작물에 따라 화학비료도 첨가한다. 그런 다음 적당한 폭으로 이랑을 만드는데, 이랑의 높이가 20㎝ 이상은 되어야 비가 와도 과습으로 인한 피해를 입지 않고 병충해도 막을 수 있다.

거름주기

밑거름은 작물을 심기 2주 전에는 주어야 유해가스 피해를 막을 수 있다. 10㎡당 퇴비는 10㎏ 정도면 충분하지만, 빽빽하게 심는 작물의 경우에는 30㎏까지 많이 줄수록 좋다. 고토석회를 밑거름으로 쓰면 산성토양을 중화시키고 칼슘과 마그네슘 성분까지 보급할 수 있어 좋은데, 고토석회 1.5㎏에 용성인비 0.3㎏ 정도가 적당한 양이다. 채소 작물을 가꿀 때는 주로 질소비료와 칼륨비료가 필요하다. 질소비료로는 요소비료를, 칼륨비료로는 염화칼륨을 많이 사용하는데, 이 두 성분은 효과가 빨리 나타나는 대신 흙 속에서 빨리 사라지기 때문에 밑거름만으로는 부족하다. 특히 열매를 맺는 작물이라면 더욱 웃거름을 주어야 한다. 보통 10㎡

웃거름은 대개 20~30일 간격으로 준다. 단, 열매를 계속 따야 하는 오이, 토마토, 풋고추 같은 작물들은 짧은 간격으로 자주 주는 것이 좋다.

▲ 웃거름 주는 위치

당 요소와 염화칼륨 100g씩을 밑거름으로 주고 웃거름으로는 각각 200g 정도를 두세 번 나눠 주어야 한다.

웃거름은 대개 20~30일 간격으로 준다. 단 열매를 계속 따야 하는 오이, 토마토, 풋고추 같은 작물들은 짧은 간격으로 자주 주는 것이 좋다. 초기에 작물의 크기가 작을 때는 웃거름을 적게 주고 작물이 커감에 따라 점점 양을 늘려 총량이 10㎡당 200~300g이 되게 맞추면 된다. 요즘에는 물비료가 많이 나와 있어 편리하다.

씨뿌리기

무와 상추는 중간에 옮겨 심으면 제대로 자라지 못하므로 밭에다 직접 씨를 뿌리지만, 나머지 채소 작물들은 대부분 씨를 뿌려 모종을 가꾼 후에 적당한 크기로 자라면 밭에 옮겨 심는다.

씨앗의 크기가 작은 것은 흩뿌리는 것이 편하고 호박과 같이 씨앗이 큰 것일수록 일정한 간격을 두고 한 알씩 뿌리는 것이 편하다. 대부분은 줄뿌림을 한다. 싹이 트면 작은 비닐포트에 옮겨 심는데, 이 과정에서 싹이 트지 않은 것은 추려내기 때문에 모종을 고르게 관리할 수 있다. 집에서 적은 양을 할 때는 처음부터 비닐포트에 씨를 뿌려 모종을 키울 수도 있다.

씨를 뿌리고는 씨앗 두께의 2~3배 정도 높이로 흙을 덮은 후에 그 위를 다시 짚으로 덮고 물을 주는 것이 가장 좋다. 짚이 없으면 구멍이 작아 물줄기가 약한 물뿌리개로 살살 물을 주고 나서 신문지로 덮어 물이 빨리 마르지 않도록 해준다. 싹이 트는 즉시 신문지나 짚을 걷어서 햇빛을 잘 받게 해줘야 모종이 웃자라지 않고 튼튼해진다.

1 흩뿌리기(산파)

아주 작은 씨앗은 흙을 평탄하게 고른 후 씨앗을 골고루, 겹치지 않게 살살 뿌려준다. 그 위에 고운 흙을 살살 뿌려서 씨앗이 보이지 않게 덮는다. 분무기를 이용해 촉촉하게 물을 뿌려준다.

▲ 산파

2 줄뿌리기(조파)

보통 크기의 씨앗은 줄을 만들어 뿌린다. 1㎝ 깊이로 판 줄을 5~6㎝ 간격으로 만든다. 파낸 골을 따라 씨앗을 겹치지 않도록 적당한 간격으로 놓는다. 흙을 1㎝ 두께로 덮은 후 물줄기가 약한 물뿌리개로 물을 뿌린다.

▲ 조파

3 점뿌리기(점파)

호박처럼 씨가 굵은 경우에는 점점이 뿌린다. 1㎝ 깊이의 구멍을 20㎝ 정도의 간격으로 판다. 모판일 경우에는 한 알씩 넣으면 되고, 밭에 씨를 뿌릴 때는 한 구멍에 두세 알은 넣어야 나중에 비는 구멍을 막을 수 있다. 새나 쥐, 벌레 등이 씨앗을 먹을 수도 있고 불량 씨앗이 있을 수도 있기 때문이다. 심은 후에는 흙으로 덮고 물을 뿌려준다.

▲ 점파

모종 키우기

미리 만들어놓은 상토에 씨를 뿌렸다면 모종을 밭이나 화분으로 옮기기 전까지는 별도의 영양분이 더 필요하지 않다. 그러나 고추와 같이 육묘 기간이 긴 경우에는 양분이 부족해질 수 있다. 그럴 때는 물비료를 주면 된다. 물은 흙이 건조해지면 식물이 시들기 전에 주고, 온도는 생육적온보다 다소 높게 유지하는 것이 좋다. 다만 밭으로 옮겨심기 3일 전부터는 바깥 온도와 비슷한 온도에서 모종을 단련시켜야 옮겨 심은 후에 몸살 앓는 것을 방지할 수 있다.

아주심기

옮겨심기 전날에는 모종에 물을 충분히 주어 다음 날 비닐포트에서 모종을 빼낼 때 뿌리 주변의 흙이 떨어지지 않도록 준비해둔다. 작물에 따라 정해진 간격을 맞추어 구덩이를 넉넉하게 파고 모종을 옮겨 심는다. 너무 깊게 심으면 줄기 부분에서 새 뿌리가 나와 활착이 늦고, 너무 얕게 심으면 땅 표면에 뿌리가 모여 건조 피해를 받게 되므로 본래 포트에서의 높이대로 맞춰 심어야 한다. 그러나 열매채소 모종은 포트 흙이 지면에 약간 드러나도록 다소 얕게 심어야 뿌리의 활착이 잘 된다. 봄철에는 기온이 낮으므로 햇볕을 많이 받아야 땅의 온도가 오르면서 새 뿌리가 빨리 나오기 때문이다. 또한 모종의 줄기 아랫부분에 흙이 직접 닿지 않아야 지면으로부터 옮겨 오는 입고병, 역병 등의 병을 피할 수 있다. 심고 나서는 모종 주위로 지름 15㎝ 정도의 원을 그리며 구덩이를 파 물을 넘치지 않게 준다. 물이 스며들면 파낸 흙을 다시 덮어주어야 물이 쉽게 마르지 않고 오래 간다. 비닐을 씌워주면 물이 빨리 증발하지 않아 관리가 훨씬 수월하다.

1 검은 비닐

빛을 통과시키지 못해 지면을 덥히지 못하므로 여름에 좋다. 특히 잡초의 씨앗은 빛이 없으면 싹이 트지 못하는 광발아성이므로 검은 비닐

아래에서는 잡초가 자라지 못한다.

2 투명 비닐

빛을 통과시키므로 비닐 안에 복사열이 갇혀서 땅을 따뜻하게 해주기 때문에 겨울철이나 이른 봄에 알맞다.

물주기

물을 너무 많이 주면 웃자라서 병이 생기기 쉽고 물이 부족하면 흙이 굳어서 잘 자라지 못한다. 이론적으로 물 양을 따지는 것은 어렵고, 저녁 때 상토 표면이 뽀얗게 말라 있으면 물을 줄 때가 된 것이라고 보면 된다. 물을 조금씩 자주 주는 것은 좋지 않고 한 번에 뿌리 밑까지 젖도록 충분히 주는 것이 바람직하다. 추울 때 찬물을 주면 작물이 스트레스를 받으므로 20℃ 이상의 물을 주어야 한다.

제3장
텃밭 농사 준비

1 텃밭의 기능

도시인들은 막연히 자연 가까이 있기를 갈망하지만 막상 어떻게 해야 자연 곁에 머물 수 있는지 잘 알지 못한다. 그럴 때 쉽게 자연과 벗할 수 있는 방법이 바로 주말농장과 같은 작은 텃밭을 가꾸는 일이다. 텃밭은 우리에게 건강한 먹을거리도 제공해주지만 육체적인 활동이 부족한 도시인들을 집 밖으로, 사무실 밖으로 이끌어 여가를 건전한 노동으로 채울 수 있게 돕는다. 한 학자의 말에 따르면 실제로 45분간의 원예활동은 30분간 에어로빅을 한 것과 같은 운동 효과를 보이고, 1시간의 제초 작업은 300kcal의 에너지를 소모시킨다고 한다. 이 과정에서 사람들은 자연스럽게 긴장감을 늦추게 되어 사회 속에서 받은 정신적 스트레스도 해소할 수 있다. 아울러 텃밭을 가꾸는 일로 우리는 가족 간 대화의 폭도 넓힐 수 있고, 어린아이가 있는 가정에는 텃밭이 좋은 자연 학습장이 되어주기도 한다.

텃밭에서 나는 채소는 어느 것과도 견줄 수 없는 깨끗하고 신선한 농산물이다. 신선한 채소는 독특한 맛과 향을 지녀 식탁 위에서 우리의 입맛을 돋워주는데, 그 속에는 다른 식품에서는 얻기 힘든 비타민과 칼슘, 마그네슘, 인, 철 등과 같은 무기성분이 듬뿍 들어 있다. 또한 대부분의 채소가 알칼리성을 띠기 때문에 과도한 육식 등으로 산성화되기 쉬운 우리 가족의 몸을 건강하게 지켜준다.

농경사회에서 산업사회로 넘어오면서 현대인들은 이례적인 물질적 풍요를 누리고 있다. 과학의 발전으로 편리에 따라 식사를 간단한 약이나 패치 등으로 대신할 수 있게 될지는 모르지만, 자연에서 햇볕을 듬뿍 받고 자라난 건강한 농산물을 섭취하는 데 비할 바는 아니다. 이처럼 인간은 땅에서 나는 먹을거리를 떠나서는 살아갈 수 없고, 그런 의미에서 직접 텃밭을 경작하는 일은 도시 속에서 자연이 주는 혜택을 최대한으로 누리며 건강하게 살아가는 좋은 방안이 될 수 있다.

❷ 어디에, 무엇을 심을 것인가

빌딩과 아파트, 상가 그리고 주택으로 구성되어 있는 도시에서 텃밭을 얻기란 그리 쉬운 문제가 아니다. 텃밭을 마련하기 위해서는 우선 시가지를 벗어나 교외로 나가야 할 것이다. 집과 텃밭의 거리에 따라 매일 관리할 수도 있고 주말을 이용해 관리할 수도 있다. 혹은 한 달에 두어 번밖에 가보지 못할 수도 있다. 농작물은 주기적인 관리가 필요하므로 텃밭의 접근성은 매우 중요한 의미를 갖는다. 따라서 자신의 상황을 고려해 가급적 자동차로 1시간 이내의 거리에서 자연 환경이 깨끗한 지역의 텃밭을 물색하는 것이 좋다. 또 그늘지지 않고 해가 잘 드는지 물을 수시로 줄 수 있는 지하수 관정이나 상수도 시설이 가까이 있는지도 잘 살펴보아야 한다.

처음 텃밭을 시작하는 사람이라면 주말농장을 분양 받는 것도 좋은 방법이다. 요즘은 가까운 농업기술센터나 농협 등의 기관에 문의하거나 인터넷으로 사설 주말농장을 검색해 거주지에서 가까운 텃밭을 얼마든지 구할 수 있다. 주말농장은 밭갈이, 거름주기, 씨앗 선택, 모 기르기 등 전문성을 요하고 손이 많이 가는 작업을 농장 관리자가 대신해주기 때문에 회원은 씨를 뿌리거나 모종을 심은 후 물주기, 김매기 등 후속 관리만 하면 되므로 재배에 실패할 위험이 적다.

개인 텃밭을 마련하거나 주말농장을 분양 받기 어려운 상황이라면 주택의 발코니나 옥상, 아파트 베란다 등의 작은 공간을 활용해볼 수도 있다. 하지만 이 경우 용기의 크기에 제한이 있고 정남향집이라 하더라도 햇볕이 드는 시간이 하루 5시간 미만으로 짧기 때문에 정상적인 생육을 기대할 수 있는 작물은 몇 가지 되지 않아 다양한 채소를 가꾸기는 어렵다.

텃밭의 규모

텃밭의 규모는 작물을 재배한 경험이 있는지, 가족의 노동력 수준이 어느 정도인지, 텃밭 접근성이 어떤지 등을 고려해 결정하는 것이 좋다. 가족 단위로 하는 주말농장이라면 작게는 3.3㎡(1평)에서 크게는 66㎡(20평)까지 다양한 규모로 분양 받을 수 있다. 하지만 즐겁게 가족들과 여가를 보내고자 하는 의미가 강한 경우라면 욕심을 부려서 면적을 넓게 할 필요가 없다. 농작물을 길러본 경험도 없는데 처음부터 텃밭이 너무 넓으면 쉽게 지치게 되어 자칫 농장 관리가 악몽처럼 느껴질 수 있기 때문이다. 특히 주말농장은 매일 관리하는 텃밭과는 달라서 한꺼번에 밀린 작업을 해야 하는 경우가 많아 넓으면 일이 고될 수 있다.

텃밭에 심을 채소

텃밭에 무엇을 심을지 고민하는 일은 아주 재미있다. 무엇을 심고 언제 수확해 식탁에 올릴지를 머릿속에 그려보는 것처럼 신나는 일도 없다. 우리나라(국립원예특작과학원)와 미국에서는 텃밭을 규모에 따라 소규모(3.3~6.6㎡, 1~2평), 중규모(9.9~16.5㎡, 3~5평), 대규모(19.8~33㎡, 6~10평)로 분류하고 각각 재배할 수 있는 가정 채소의 종류를 제시하고 있다. 여기에서 권장하는 채소 작물들은 우리가 식탁에서 늘 만나는 친근한 채소들로 재배 기술도 비교적 쉬운 편이다.

1 소규모(3.3~6.6㎡, 1~2평)

① 상추, 시금치, 들깨, 밭미나리, 20일무, 알타리무 등 생육 기간이 짧은 채소가 적합하다.
② 재배 면적이 좁아 지력 소모가 많으므로 지력 증진에 힘써야 하는 등 정밀한 텃밭 관리가 필요하다. 큰 화분을 이용해 열매채소를 재배할 수도 있다.
③ 식물의 크기가 작은 채소, 생산량이 많은 채소, 여러 회 수확할 수 있는 채소, 이어짓기 장해가 없는 채소 중에서 선택하는 것이 좋다.

2 중규모(9.9~16.5㎡, 3~5평)

① 소규모 텃밭 채소 외에도 배추, 고추, 당근, 완두콩, 생강, 파, 옥수수 등을 재배할 수 있다.
② 구획을 나누어 구획별로 돌려짓기가 가능해지기 때문에 지력 소모와 이어짓기 장해를 어느 정도 극복할 수 있다.
③ 3~5개 구획별로 돌려짓기하며 가꿀 수 있는 채소, 식물의 크기가 큰 채소, 가족들이 좋아하는 채소 중에서 선택하면 된다.

3 대규모(19.8~33㎡, 6~10평)

① 소·중규모 텃밭 채소에 더해 호박, 토란, 감자, 강낭콩, 마늘, 부추, 도라지 등 선택할 수 있는 작물의 폭이 크다.
② 월동 채소와 장기간 수확되는 채소들도 재배할 수 있다.
③ 6개 이상으로 구획을 나눠 구획별로 돌려짓기가 가능하다.
④ 각종 김치의 재료가 되는 채소, 대량 소비가 가능한 채소, 지력을 회복시켜주는 콩과 채소 등 다양한 작물 중에서 선택할 수 있다.

좋은 모종 고르는 법

채소 재배법으로는 씨앗을 직접 땅에 뿌려 재배하는 직파재배와 씨앗을 일정 기간 가꾸어서 모종을 밭에 심는 이식재배 등 2가지가 있다. 이식이 잘 안 되는 무, 당근 등 뿌리채소류와 시금치, 쑥갓, 상추 등은 직파재배하고, 식물 크기가 큰 채소들은 이식재배한다.

하지만 묘상은 일반 노지 밭보다 세심한 관리를 요하기 때문에 모종을 직접 길러 심기란 쉬운 일이 아니다. 따라서 모종을 구입해 사용하는 것이 편리한데, 이때 좋은 모종 고르는 방법을 미리 알아둘 필요가 있다.

1 좋은 씨앗 고르는 요령

① 전문 종묘상을 통해 구입한다.
② 서늘하고 햇빛이 없는 곳에 진열되어 있는 것을 고른다.
③ 씨앗 봉투에서 채종 연월일, 발아율, 보증 기간 등을 확인한다.
④ 씨뿌리기 시기와 아주심기 시기, 수확기 등을 확인하고 그 시기에 늦지 않도록 미리 구입해둔다.

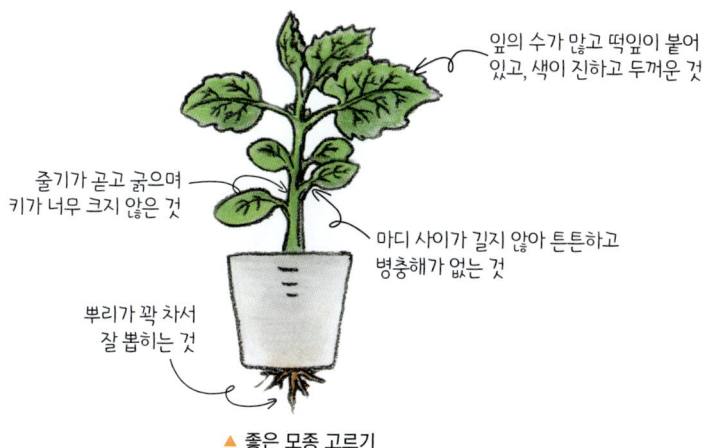

▲ 좋은 모종 고르기

2 좋은 모종 고르는 요령

① 잎의 색이 진하고 두꺼운 것
② 잎의 수가 많고 떡잎이 붙어 있는 것
③ 줄기가 곧고 굵으며 키가 너무 크지 않은 것
④ 포트나 육묘 트레이에 뿌리가 꽉 차서 잘 뽑히는 것
⑤ 병충해가 없는 것
⑥ 꽃이 1~2송이 피어 있고 꽃이 크며 꽃눈이 많은 것

【직파재배와 이식재배 채소의 구분】

구분	채소명
직파재배하는 채소	무, 순무, 당근, 우엉, 옥수수, 근대, 아욱, 콩, 완두, 쑥갓, 시금치, 마늘, 쪽파, 토란
직파 · 이식재배를 같이 하는 채소	무, 순무, 당근, 우엉, 옥수수, 근대, 아욱, 콩
반드시 이식재배하는 채소	토마토, 가지, 고추, 참외, 딸기, 고구마, 미나리

▲ 직파재배

▲ 직파 · 이식재배

▲ 반드시 이식재배

③ 텃밭 농사 1년 계획 세우기

텃밭에서는 전문가처럼 한 작물만을 재배하지 않는다. 작물을 판매할 목적이 아닌 직접 섭취할 목적으로 기르는 것이기 때문이다. 따라서 텃밭의 규모와 가족들의 기호를 고려해 어떤 작물을 언제 심어서 언제 수확해 식탁에 올릴지 여러 가지 요인들을 미리 궁리해둘 필요가 있다. 가능한 가족들이 좋아하는 채소를 위주로 재배하는 것이 텃밭에 대한 관심도를 높이는 데 도움이 된다. 매 주말마다 혹은 매일 텃밭을 찾을 것이기 때문이다.

다음은 텃밭 채소의 연간 재배 계획을 몇 가지 모델로 제시한 것이다. 이는 하나의 예시이므로 꼭 이렇게 할 필요는 없으며 자기 텃밭의 여러 여건을 감안해 자신만의 재배 계획을 수립하면 된다. 작물별 재배 면적은 편의상 1.65㎡(0.5평)으로 했다. 작물에 따라 한 가족이 먹기에는 수확물이 다소 많을 수도 있겠지만, 넉넉한 것을 이웃과 나누어 먹는 것도 큰 기쁨이므로 가까운 이들과의 관계가 좋아지는 계기를 마련할 수 있을 것이다. 채소의 수확량이 많다고 좁은 면적에 너무 다양한 채소를 심으면 관리하기 어려워져 자칫 소홀해질 수 있으므로 가짓수를 무작정 늘리지 않도록 한다.

소규모(3.3~6.6㎡, 1~2평) 텃밭

가급적 작물의 수를 간단히 하고 작물당 재배 규모도 1.65㎡(0.5평)로 작게 했다. 소규모임을 감안해 열매채소는 넣지 않았다. 그래도 작물 수가 6가지나 되기 때문에 관리를 소홀히 하면 영농 시기를 놓칠 수 있으므로 유의해야 한다. 사정에 따라 영농 시기를 다소 당기거나 늦출 수 있다.

2구획형		1월	2월	3월	4월	5월	6월	7월	8월	9월	10월	11월	12월
6평형	0.5평				상추 등 쌈채소			열무		갓			
	0.5평			완두			시금치		김장무·배추				

4구획형		1월	2월	3월	4월	5월	6월	7월	8월	9월	10월	11월	12월
2평형	0.5평				상추 등 쌈채소			열무		갓			
	0.5평			완두			시금치		김장무·배추				
	0.5평			옥수수									
	0.5평				고추 또는 고구마								

중규모(9.9~16.5㎡, 3~5평) 텃밭

월동을 하는 마늘도 넣었고, 일부는 작물당 재배 규모를 3.3㎡(1평)로 늘려 키가 크고 맛있는 열매채소를 맛볼 수 있게 했다. 작물의 수가 11~14개로 많아서 적기에 영농이 이뤄질 수 있도록 연중 작업 계획을 세워서 수시로 관리해주어야 한다. 그렇지 않으면 구획이 많고 복잡해서 자칫 영농 시기를 놓치거나 관리가 소홀해질 수 있다.

3평 4구획형

		1월	2월	3월	4월	5월	6월	7월	8월	9월	10월	11월	12월
3평형	0.5평				상추 등 쌈채소			열무		갓			
	0.5평			완두			시금치		김장무·배추				
	1평				옥수수								
	1평			마늘					열무		마늘		

4평 5구획형

		1월	2월	3월	4월	5월	6월	7월	8월	9월	10월	11월	12월
4평형	0.5평				상추 등 쌈채소			열무		갓			
	0.5평			완두			시금치		김장무·배추				
	1평				옥수수								
	1평				고추 또는 고구마								
	1평			마늘					열무		마늘		

5평 6구획형

		1월	2월	3월	4월	5월	6월	7월	8월	9월	10월	11월	12월
5평형	0.5평				상추 등 쌈채소			열무		갓			
	1평				토마토 또는 오이				당근				
	0.5평			완두			시금치		김장무·배추				
	1평				옥수수								
	1평				고추 또는 고구마								
	1평			마늘					열무		마늘		

3. 텃밭 농사 1년 계획 세우기

대규모(19.8~33m², 6~10평) 텃밭

작물 수는 중규모 텃밭과 차이가 없으나 면적이 넓어져서 관리에 많은 노력이 필요하다. 공간이 넉넉해 고추와 파 같은 양념 채소도 넣고, 관리가 비교적 수월한 콩이나 호박은 6.6㎡(2평)까지 재배 면적을 늘려보았다. 잘 가꾸면 텃밭에서 나오는 다양한 부식거리로 식탁이 더욱 풍성해지고 가족들의 건강에도 큰 도움이 되어줄 것이다. 한편 텃밭의 규모가 33㎡(10평)를 넘어서면 채소류는 33㎡ 이하로 재배 면적을 제한하고 그 외 공간에는 콩, 땅콩, 고구마 등 일손이 적게 드는 작물을 심는 것이 좋다.

6평 7구획형

구획	1월	2월	3월	4월	5월	6월	7월	8월	9월	10월	11월	12월
0.5평				상추 등 쌈채소			열무		갓			
0.5평			완두			시금치		김장무·배추				
1평				옥수수				김장무·배추				
1평				고추 또는 고구마								
1평				토마토 또는 오이				당근				
1평				감자				파				
1평			마늘					열무		마늘		

8평 7구획형

구획	1월	2월	3월	4월	5월	6월	7월	8월	9월	10월	11월	12월
1평				상추 등 쌈채소			열무		갓			
1평				토마토 또는 오이				당근				
1평			완두			시금치		김장무·배추				
1평				옥수수				김장무·배추				
1평				고추 또는 고구마								
2평				콩 또는 호박								
1평			마늘					열무		마늘		

4. 농기구

 텃밭을 일구는 데 필요한 농기구와 농자재는 대규모 영농과 크게 다르지 않다. 어떤 것이 있는지 알아보고 필요한 것들만 구입해 사용한다.

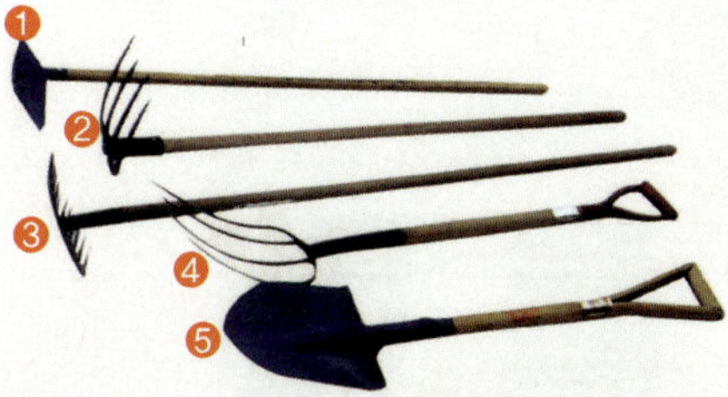

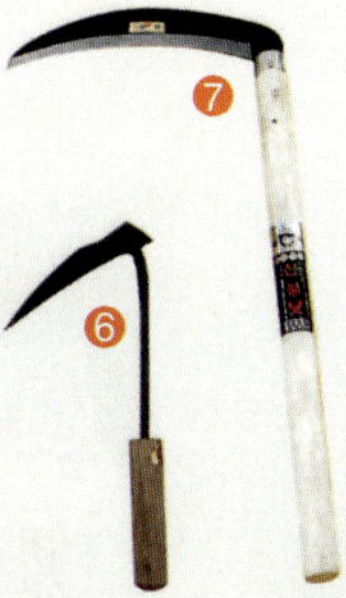

❶ 양괭이 : 흙을 파거나 부수며 고랑을 내는 데 사용
❷ 쇠스랑 : 거친 퇴비를 끌거나 옮기는 데 사용
❸ 쇠갈퀴 : 흙덩이를 부수거나 밭을 고를 때 사용
❹ 호크 : 기친 퇴비를 운반차에 싣거나 퍼내는 데 사용
❺ 삽 : 밭을 파거나 고랑을 내는 데 사용
❻ 호미 : 김매기에 사용
❼ 낫 : 풀을 베거나 다용도로 사용
❽ 원예용 가위 : 수확하거나 줄기를 자르는 데 사용
❾ 타이머 : 전기모터펌프 사용 시 사용
❿ 꽃삽 : 작물 아주심기 구덩이를 파거나 화분 관리에 사용
⓫ 전정가위 : 가지를 치거나 줄기를 제거할 때 사용
⓬ 다용도 가위 : 작물을 손질하거나 가지를 치는 등 다용도로 사용

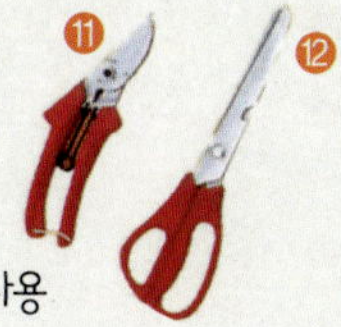

⑤ 농자재

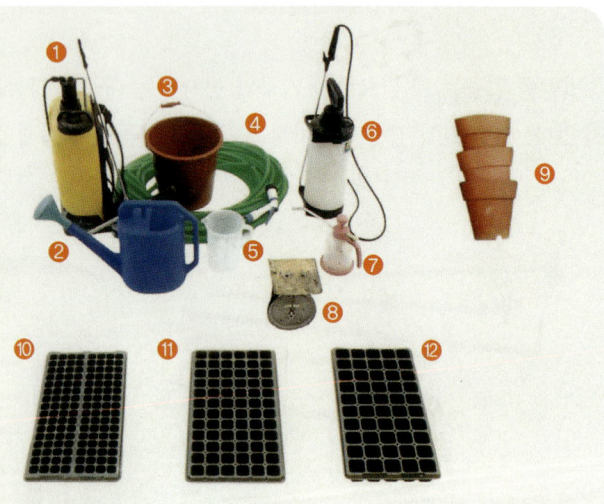

① **분무기** : 병충해 농약 방제나 엽면시비용으로 사용
② **물뿌리개** : 밭에 물을 줄 때 사용
③ **양동이** : 물주기 때 사용
④ **물주기용 호스** : 밭에 물을 줄 때 사용
⑤ **비커** : 비료나 작물보호제 혼합 시 사용
⑥ **소형 분무기** : 작은 면적 병충해 방제 시 사용
⑦ **스프레이** : 엽면시비나 호르몬제 처리 시 사용
⑧ **접시저울** : 작물보호제를 희석할 때나 수확 시 사용
⑨ **화분** : 소형 식물 재배용 화분
⑩ **128공 트레이** : 상추 등 잎채소 육묘용
⑪ **72공 트레이** : 토마토, 고추 등 열매채소 육묘용
⑫ **50공 트레이** : 오이, 호박 등 잎이 큰 채소 육묘용

6 수확하여 저장하기

 텃밭에서 수확한 채소는 마트에 진열되어 있는 것처럼 깔끔하지 않다. 하지만 시장에서 사 온 채소와 내가 직접 재배한 채소는 신선도나 영양가 등 다양한 측면에서 그 가치를 비교할 수 없다.

 채소는 재배도 중요하지만 수확 후 관리도 매우 중요하다. 뿌리로부터 수분을 공급받던 채소는 수확 후 식물체 내의 수분이 수증기가 되어 공기 중으로 빠져나가는 증산작용에 따라 쉽게 시들어버리기 때문이다. 이를 억제하기 위해서는 온도를 낮게 유지해 신선도를 지키고 영양의 손실도 막아야 한다.

수확

 채소를 적기에 수확하는 일도 매우 중요하다. 적기에 수확한 채소는 그 채소 고유의 품질 특성을 그대로 갖고 있어 신선하고 영양가도 매우 높은 상태로 식탁에 올릴 수 있다. 그러나 수확 적기를 놓치면 그만큼 맛도 없을 뿐더러 영양의 손실도 감수해야 한다. 수확 시기는 작물에 따라 각각 다르다.

① 잎채소 : 일정한 키가 되면 수확한다.
② 열매채소 : 색깔이나 단단한 정도, 당도, 크기, 모양 등을 잘 보고 수확해야 한다.

③ 마늘, 감자, 당근 등 : 비 오는 날을 피해서 토양이 건조할 때 수확해야 저장 기간이 길어지고, 하루 중 햇볕이 뜨거운 한낮보다 아침 또는 저녁에 수확해야 생산물의 온도가 낮고 호흡량이 적어 쉽게 시들지 않는다.

【주요 열매채소의 수확 적기】

채소명	개화 후 일수	채소명	개화 후 일수
오이	10일	풋고추	20~25일
애호박	7~10일	붉은 고추	40~50일
늙은호박	45~50일	가지	20~30일

수확량

수확량은 토질이나 기상 조건, 재배자의 관리 노력 여하에 따라 큰 차이를 보인다. 일반 농가에서는 매일 정밀하게 관리하지만 작은 텃밭을 꾸리는 사람들은 많아야 일주일에 몇 번 들여다보는 게 전부이기 때문에 비교적 수확량이 적을 수밖에 없다.

【3.3㎡(1평)를 기준으로 했을 때의 수확량】

작물	수확량
옥수수, 건고추, 마늘, 콩, 완두 등	2kg 이하
시금치, 생강, 열무, 고구마, 갓 등	3~5kg
대파, 쪽파, 밭미나리, 당근, 상추, 잎들깨, 오이, 토마토, 호박, 참외, 가지 등	5~10kg
배추, 양배추, 부추 등	10~20kg

손질

시금치, 열무, 쑥갓 등은 수확 후 다듬는 데 손이 많이 간다. 잎채소에 흙 등 이물질이 묻어 있다면 깨끗한 물에 씻은 후 저장하는 것이 좋지만, 감자, 고구마, 마, 우엉 등 뿌리채소는 물로 씻지 않는다. 총각무는 물에 헹구기도 하지만 이때 문지르면 안 된다.

저장

또 채소는 생육적온이 다르듯 각기 다른 저장 조건을 갖고 있는데, 그에 맞게 저장해야 신선하게 오래 보관할 수 있다. 특히 고구마와 늙은호박, 단호박 등은 15℃ 정도에서 보관해야 하며 저온에서는 오히려 쉽게 부패한다. 풋고추, 가지, 토마토도 너무 저온에 보관할 필요가 없으며, 특히 풋고추의 씨앗이 검게 변하는 것은 동해 증상이다.

【채소별 저장 온도 · 습도 · 기간】

채소명	저장 온도(℃)	저장 습도(%)	저장 기간
단옥수수(미숙)	5	85~90	4~8일
셀러리	-1~0	90~95	2~4주
풋고추	7~10	85~90	6~7주
꽃양배추	0	85~90	2~3주
당근(잎이 붙은 것)	0	85~90	10~14일
당근(잎을 자른 것)	0	90~93	4~5개월
루바브	0	90~95	2~3주
루타바가	0	95~98	2~4개월
리크(생)	0	0	1~3개월

채소명	저장 온도(℃)	저장 습도(%)	저장 기간
마늘(건)	0	70~75	6~8개월
무	0	95~98	2~4개월
비트(잎이 붙은 것)	0	85~90	10~14일
비트(잎을 자른 것)	10	90~95	5~6개월
상추	0	90~95	2~3주
순무	0	95~98	4~5개월
시금치	0	90~95	10~14일
아스파라거스	0	85~90	3~4주
양배추	0	90~95	3~4개월
양파	0	70~75	6~8개월
엔다이브	0	90~95	2~3주
완두	0	90~95	1~2주
콜라비(순무배추)	0	95~98	2~4개월
양파	0	70~75	6~8개월
꼬투리용 강낭콩	0.4	85~90	2~4주
머스크멜론	0~1	75~78	7~10일
방울다다기양배추	0~2	90~95	3~4주
브로콜리(이탈리안)	0~2	90~95	7~10일
허니듀멜론	2~3	75~85	2~4주
수박	2~4	75~85	2~3주
감자	6~8	70~80	5~8개월

채소명	저장 온도(℃)	저장 습도(%)	저장 기간
토마토	10~12	85~90	7~10일
애호박	4~10	80~85	2~3주
가지	10~12	85~95	10일
오이	7~10	85~95	10~14일
오크라	10	85~95	2주
고구마	12~15	85~95	4~6개월
늙은호박	10~13	70~75	4~6개월
토마토(미숙)	13~21	80~85	3~5주

제4장
채소 재배방법

01
가지

원산지는 인도로 추정되며, 중국에서도 재배 역사가 오래되었다. 우리나라에서는 신라시대부터 재배했다는 기록이 있다. 여름철 고온 다습한 환경에 잘 견디는 특성 덕분에 가정 채소밭의 중요한 작물로 자리 잡고 있다. 우리나라에서는 대부분 열매 길이가 길고 짙은 흑자색인 품종이 재배되지만, 일본에서는 긴 것뿐만 아니라 통통한 것과 거의 둥근 것까지 있다.

가지 품종은 비교적 단순하며 재래 가지가 여름철 고온에도 강하다. 모종을 직접 기르는 것보다 가까운 화원에서 우량 모종을 사다 심는 것이 편하다. 장가지 품종은 흑자색으로 과육이 유연해 품질이 좋고, 쇠뿔가지 품종은 재래 가지로 열매 껍질이 두껍고 내서성이 강하다. 그 외에 신흑산호, 가락장가지 같은 품종이 있다.

일반적인 재배력

밭 만들기

① 토양 조건 : 토심이 깊고 물 빠짐이 좋은 충적토가 좋다. 토양 산도는 pH6.0 정도의 약산성 또는 중성이 적합하다.

② 이랑을 만들기 전에 퇴비와 비료를 밑거름으로 넣는다.

③ 이랑 만들기 : 물 빠짐이 좋은 땅은 2줄 재배하고, 물 빠짐이 안 좋은 땅은 1줄 재배한다.

④ 두둑에 비닐을 씌우면 지온이 높아져 활착이 빠르고 김매기와 물주기를 수월하게 할 수 있다.

이랑 만들기

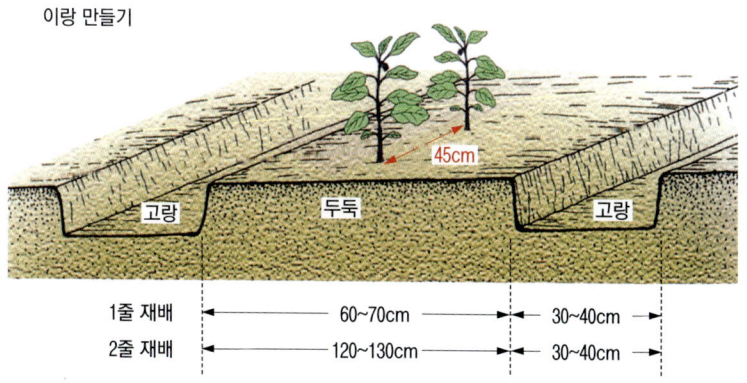

좋은 모종 고르기

① 떡잎이 건강하고 줄기가 굵고 곧으며 색이 짙은 것
② 뿌리가 잘 발달해 잔뿌리가 빽빽이 난 것
③ 노화되지 않고 병해충 피해가 없는 것
④ 꽃이 1~2송이 피어 있고 꽃이 크며 꽃눈이 많은 것
⑤ 본잎이 7~8장 될 때까지 두 번 정도 옮겨 심어야 하는데, 그 기간이 70~80일 걸리므로 튼튼한 모종을 구입하는 것이 편하다.

아주심기

① 가지의 뿌리는 아랫부분으로 깊게 자라기 때문에 밑거름을 넣어 하층부까지 좋은 토양 상태를 만들어줄 필요가 있다.
② 아주심기 시기 : 모종은 5월 상순에서 중순 사이, 지온이 16~17℃일 때 옮겨 심는 것이 좋다.
③ 아주심기 방법 : 식물체가 옆으로 퍼지는 성질이 있으므로 포기 사이 간격은 약간 넓게 하고, 모종 흙 높이보다 얕게 심어야 뿌리 활착이 빠르고 병에 잘 걸리지 않는다.

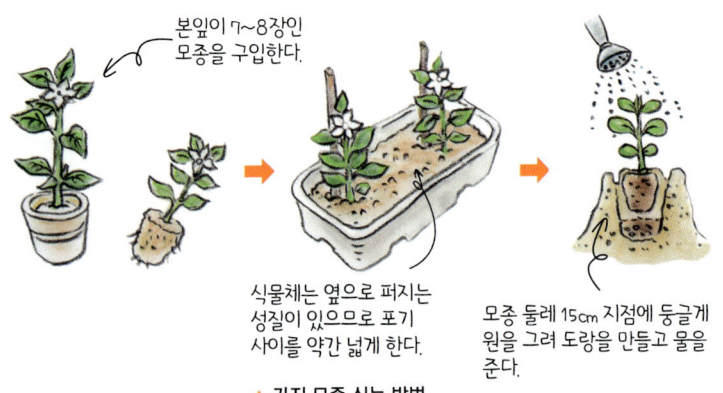

▲ 가지 모종 심는 방법

④ **물주기** : 옮겨 심은 후에는 둘레로 15㎝ 떨어진 곳에 둥글게 원을 그려 도랑을 만들고 충분히 물을 준다.

거름주기

① 밑거름은 심기 일주일 전에 주는데, 유기질 퇴비와 인산비료는 모두 밑거름으로 준다.

거름 총량(g/3.3㎡)
- 요소 : 200~300
- 석회 : 800
- 퇴비 : 3,000
- 용성인비 : 160~250
- 염화칼륨 : 140~170

② 질소와 칼륨비료는 절반을 웃거름으로 시용한다.
③ 웃거름은 심고 나서 20~25일 간격으로 한 포기당 10g 정도의 비료를 포기 사이에 흙을 파서 넣어준다.

수확과 저장

① **수확 적기** : 열매는 개화 후 20~35일이면 수확이 가능하다. 이때 열매 무게는 80~100g이다. 수확이 늦어지면 열매가 단단해져 맛이 없어지고 전체 수량이 떨어진다.

▲ 가지 관리 및 수확하기

▲ 가지꽃　　　　　　　▲ 수확한 가지

② **수확 시기** : 수확은 기온이 낮은 오전에 하는 것이 좋은데, 온도가 높을 때 수확하면 가지의 온도가 높아 저장성이 크게 떨어진다.

③ 열매가 상처를 입으면 갈색으로 변색되어 흉해진다.

④ **저장** : 저장 온도는 10~12℃가 좋으며 온도가 이보다 낮으면 저온 장해로 열매가 상해 광택이 떨어지고 저장성이 떨어진다.

재배 포인트

① **가지 관리** : 첫 번째 꽃 바로 아래의 곁가지 2개를 키우고 나머지 곁가지들은 가급적 일찍 없애준다.

② 3줄기 가꾸기가 일반적이나, **빽빽**하게 심은 경우에는 곁가지 하나만 더 키워 2줄기 가꾸기를 해도 된다.

◀ 첫 번째 꽃 바로 아래의 곁가지 2개를 키우고 나머지 곁가지들은 가급적 일찍 없애준다.

③ 이후 줄기가 무성해지면 복잡한 줄기는 제거하고 줄기 아래에 붙은 오래된 잎들은 따준다. 자람세를 좋게 하기 위해 줄기 안쪽까지 햇볕이 투과되도록 줄기 배치를 잘 해주어야 한다.

④ **방제** : 여름철 건조기에는 진딧물이 발생하기 쉬우므로 방제에 주의한다. 특히 수확기에 접어들면서 발생하는 청고병은 주의 깊게 방제해야 한다.

⑤ **지주 세우기** : 가지는 바람에 넘어지기 쉬우므로 일찍부터 지주를 세워 유인해준다.

⑥ **물주기**: 물은 일주일에 한 번 정도 땅속 깊이 스며들 정도로 충분히 준다. 건조에 약하므로 물은 충분히 주어야 한다.

⑦ **착과제** : 밭에서 재배할 경우에는 자연 수정되므로 착과제를 사용할 필요가 없지만 실내에서 재배할 경우에는 착과제를 뿌려주어야 한다. 착과제는 토마토톤 50~60배액을 꽃에 분무한다.

▲ 가지는 바람에 쉽게 넘어지므로 일찍부터 지주를 세운다.

⑧ **거름주기** : 가지는 햇빛이 잘 드는 곳에서 키워야 하고, 웃거름을 적당히 주어 비료가 부족하지 않도록 해야 한다.

⑨ **영양** : 영양이 충분할 때는 꽃에서 암술의 길이가 수술들보다 길게 되나, 양분이나 수분이 부족할 경우에는 암술의 길이가 짧아지게 되어 가지를 잘 맺지 못하므로 양분이나 수분을 보충해주어야 한다.

병충해 방제

① 잿빛곰팡이병 : 발병하면 과일을 부패시키며 줄기와 잎에도 생긴다. 환기를 자주해 과습하지 않도록 하고 이프로 수화제, 폴리옥신 수화제, 프로파 수화제를 살포한다.

② 응애 : 잎 뒷면에 기생하여 흡즙하는데 여름철 가뭄 시 심하게 나타나며, 밀베멕틴 유제 테부펜피라드 유제 등을 서로 번갈아 일주일 간격으로 살포한다.

③ 진딧물 : 새잎과 새 줄기에 많이 붙어 해를 끼친다. 메소밀 수화제, 아시트 유제, 포리스 유제 등을 교대로 일주일 간격으로 살포하여 방제가 가능하다.

가지의 영양소 에너지 (삶은 것 100g당 14kcal)

수분 93.3%, 단백질 1.1g, 지질 0.1g, 당질 4.2g, 섬유소 0.6g, 회분 0.4g, 칼슘 13mg, 인 34mg, 철 0.3mg, 나트륨 1mg, 칼륨 240mg, 비타민 A 3R.E, 베타카로틴 15㎍, 비타민 B_1 0.05mg, 비타민 B_2 0.03mg, 나이아신 0.3mg, 비타민 C 1mg   (자료: 농촌진흥청 식품성분표)

02 감자

원산지는 남미의 칠레 쪽 안데스산맥 고원지대이며 우리나라에는 1820~1830년대에 전래된 것으로 추정된다. 품종으로는 1년에 한 번 심는 수미, 조풍, 대서와 봄가을에 걸쳐 두 번 심을 수 있는 대지, 추백 등이 있다. 조생종이 재배하기 좋고, 씨감자는 고도가 높은 고랭지에서 생산된 것이 바이러스병이 적어 좋다고 알려져 있다. 대관령에서 보급하는 대표종으로 수확량이 많은 수미, 추백이 무난하다. 차고 서늘한 기후를 좋아해 15~20℃에서 가장 잘 자란다.

일반적인 재배력

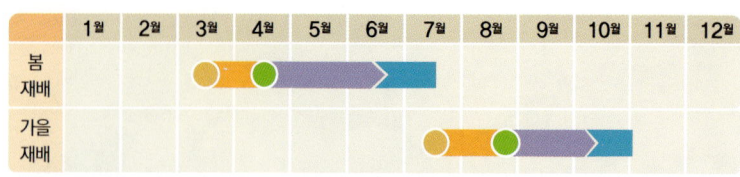

● 씨뿌리기　━ 모기르기　● 아주심기　━ 생육기　━ 수확

밭 만들기

① 토양 조건 : 배수가 잘되는 참모래흙에서 가장 잘 자란다.

② 감자 뿌리는 생육 조건이 좋을 때 폭 60㎝, 깊이 120㎝까지 자라는데, 대개는 깊이 30~40㎝까지 자라는 것이 일반적이다.

③ 초겨울에 미리 밭에 나가 고토석회를 충분히 뿌려 둔다.

④ 감자를 심기 전에 이랑을 따라 15㎝ 간격으로 깊이 15㎝ 정도의 구덩이를 파서 1㎡당 퇴비 1.5㎏, 복합비료 0.3㎏ 정도를 넣는다. 그 위에 흙을 5㎝ 정도 덮어 비료가 직접 감자에 닿지 않도록 해준다.

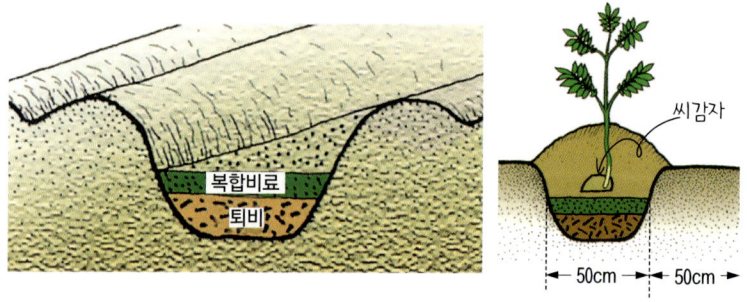

씨감자 준비

① 씨감자 전용으로 병이 없고 튼튼한 것을 구입해 각 조각에 좋은 싹이 골고루 달리도록 자른다.

② 씨감자의 크기가 달걀만 하면 2등분하고, 그보다 크면 3~4등분하며, 작으면 그냥 사용한다.
③ 휴면 성질이 있어서 심은 후 잘 자라지 않을 수도 있으므로 휴면이 끝나서 싹이 조금 튼 것이나 눈이 뚜렷한 것을 고른다.
④ 최소 3개 이상의 눈이 있어야 한다.

▲ 씨감자

아주심기

① 이랑 규격 : 미리 퇴비와 비료를 밑거름으로 넣어놓은 이랑을 따라 25㎝ 간격으로 씨감자를 심는다.
② 아주심기 시기 : 너무 빨리 심으면 서리의 피해를 받을 수 있으므로 3월 중순경에 심는 것이 좋다.
③ 아주심기 방법 : 심기 전에 물을 충분히 주고 감자의 자른 면이 아래로 향하고 눈이 위로 향하도록 해야 한다. 심고 나서 다시 흙을 6~8㎝ 정도 덮고 추운 지방에서는 그 위에 다시 비닐이나 짚 등으로 덮어준다.

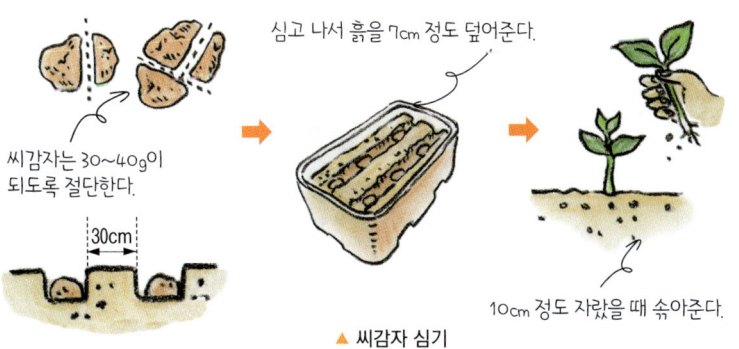
▲ 씨감자 심기

심은 후 보름 정도 지나면 10㎝ 정도로 자라는데 이때 충실한 싹을 하나 내지 둘만 남겨서 키우면 아주 큰 감자를 수확할 수 있다.
④ 재배상자에 심을 때는 배양토를 잘 넣고 한 상자에 씨감자를 2개 정도 심으면 알맞다.

북주기와 거름주기

① 북주기 : 10㎝ 이상 자라면 괭이나 호미 등으로 고랑의 흙을 긁어 감자 주변으로 올려주는 북주기를 하고, 다시 2주 후에 한 번 더 해준다. 한 번 할 때 10㎝ 정도로 덮어 올려주는 것이 좋다.

② 북주기는 김매기와 함께 하는 것으로 감자가 햇빛에 녹화되는 것을 막고 흙의 통기성을 좋게 하는 효과가 있다. 토양이 배수가 잘 되지 않을 때는 북주기를 하지 말고 배수로를 깊게 파서 배수가 잘 되도록 해준다.

▲ 감자꽃

③ 거름주기 : 밑거름은 1㎡당 퇴비 1.5㎏과 복합비료 0.3㎏ 정도를 뿌린다. 재배상자에는 그 반 정도의 양이면 된다. 싹이 땅 위로 15㎝ 정도 자랐을 때와 그 후 보름 뒤에 두 번에 걸쳐서 화학비료를 웃거름으로 주는데, 줄기 밑동에서 조금 떨어진 곳에 가볍게 섞어 넣고 물을 주면 된다.

거름 총량(g/3.3㎡)
- 요소 : 60~70
- 용과린 : 150~180
- 염화칼륨 : 60~70
- 퇴비 : 6,000~7,000

※ 밑거름으로 복합비료를 주어도 상관없다.

수확과 저장

① 수확 시기 : 심은 지 3개월~3개월 반 정도 지나 잎과 줄기가 누렇게 변하면 바로 수확한다. 그 전에 수확하면 전분 함량이 낮고 잎줄기가 마른 후에도 수확하지 않으면 고온으로 썩기도 한다.

② 수확 : 보통 7월 중순경에서 8월 중순경까지 수확하는데, 단 줄기와 잎이 마르고 잡초가 자라나면 수확하기 힘들다는 단점이 있다.

③ 맑은 날을 택해 수확한 후 껍질이 마를 정도로 밭에 두었다가 거두어들인다.

▲ 수확한 감자

웃거름을 포기 사이에 주고 흙을 북돋아준다.

2~3주 전에 배합토를 준비하고 지주를 꽂아준다.

▲ 감자 관리 및 수확하기

④ 저장 : 저장할 때는 쌓아놓지 말고 그늘에서 일주일 정도 말려서 상처를 아물게 한 후에 6~8℃, 습도 70~80% 정도에 두면 오래간다. 8℃ 이상에서는 싹이 난다.

병충해 방제

① 바이러스병 : 잎이 우글쭈글해지거나 불규칙한 연녹색과 진녹색의 무늬가 생긴다. 이를 예방하기 위해서는 우선 건강한 씨감자를 이용해야 하고, 발병한 후에는 델타린 유제, 피리모 수화제, 이미다클로프리드 수화제(입제) 등을 일주일 간격으로 서로 번갈아 살포해 진딧물을 제거한다.

② 감자역병 : 15℃ 정도의 서늘한 기후에서 습도가 높을 때 많이 발생한다. 잎 끝, 잎가에 암녹색의 부정형 병반이 생겨 암갈색으로 변한다. 약제는 크게 효과가 없으나 에타복삼수화제, 디메토모르프 등을 물에 타 주거나 잎에 뿌려주면 효과가 있다.

감자의 영양소 에너지 (100g당 80kcal)

수분 78.1%, 단백질 1.5g, 지질 0.2g, 당질 18.5g, 섬유소 0.5g, 회분 1.2g, 칼슘 3mg, 인 62mg, 철 1.6mg, 나트륨 3mg, 칼륨 420mg, 비타민 B_1 0.17mg, 비타민 B_2 0.04mg, 나이아신 1.2mg, 비타민 C 18mg

(자료: 농촌진흥청 식품성분표)

03 고구마

메꽃과에 속하는 고구마의 원산지는 멕시코 쪽의 중앙아메리카나 열대 남아메리카로 알려져 있다. 우리나라에는 조선시대 영조 때 조엄이 대마도에서 씨고구마를 구해 와 심은 것이 시초가 되었으며 구황작물로 이용되다가, 1930년대부터 보조식품으로 일본 품종이 도입되고 우리나라에서도 많은 품종이 육성되었다.

밤고구마인 달코미, 풍원미, 날로 먹기에 좋은 생미, 식용 및 가공용인 연자미, 해피미 등이 있다. 최근에는 신황미, 주황미 등의 호박고구마가 인기다.

고구마는 모양이 방추형이나 구형으로 좋아야 하고, 크기가 100~200g 내외로 너무 크지 않은 것이 좋으며, 분질(가루의 성질) 육질에 당도가 높아야 한다. 껍질색은

홍자색, 육질색은 담황색 계통이 기호도가 높다. 호박고구마를 많이 찾고 있으나, 재배 환경에 민감해 제대로 키우기 어려워 다른 품종보다 빽빽하게 심어야 한다.

일반적인 재배력

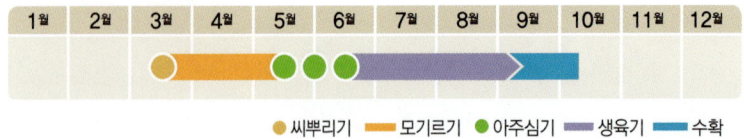

밭 만들기

① 토양 조건 : 비교적 척박한 황적색 산 개간지나 물 빠짐이 좋고 통기성이 좋은 백마사토 등에서 품질 좋은 고구마가 생산된다. 토양 산도는 pH6.0~7.0의 중성을 좋아한다.
② 이랑을 만들기 전에 퇴비와 비료를 밑거름으로 넣는다.
③ 이랑 만들기 : 두둑을 폭 60~75㎝, 높이 30㎝ 정도로 만들고 밑거름 위주로 주되 너무 비옥하지 않도록 준비한다.
④ 밭이 너무 기름지면 초기의 잎과 줄기가 무성하게 자라나 정작 고구마의 크기는 작아진다. 물 빠짐은 좋아야 한다.

이랑 만들기

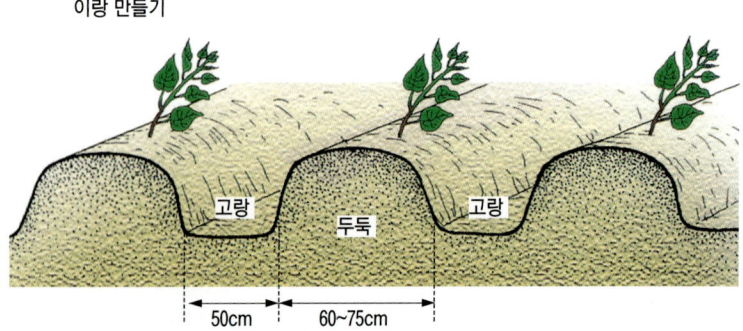

좋은 모종 고르기

① 길이는 25~30㎝ 정도에 줄기는 굵고 마디 수가 7~8마디는 되는 것
② 마디와 마디 사이가 짧은 것
③ 지나치게 연하지도 굳지도 않은 것
④ 잎이 크고 싱싱하며 두껍고 윤택이 있는 것
⑤ 겨드랑눈이 많은 것
⑥ 고구마가 싹트는 데는 30~35℃가 알맞고 모종을 키우는 데 기간이 오래 걸리므로 시중에서 구입하는 것이 편하다.

아주심기

① 모종의 밑에서부터 4~5마디 정도는 고구마가 될 뿌리가 나오는 중요한 마디이므로 땅 속에 들어가도록 경사지게 심는다. 단 잎은 모두 땅

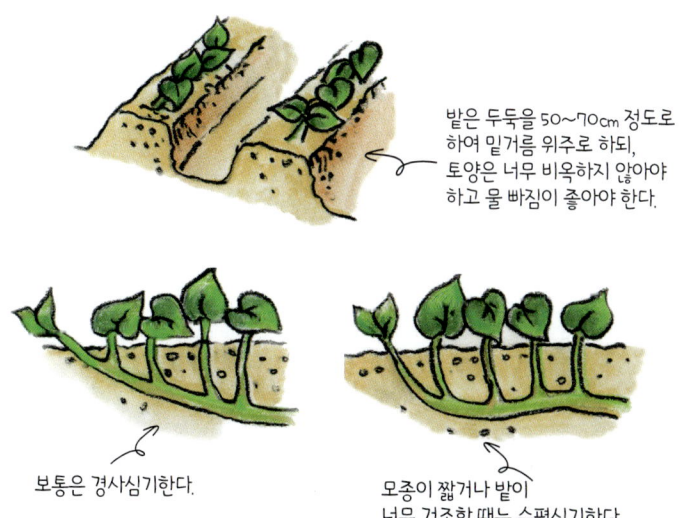

밭은 두둑을 50~70cm 정도로 하여 밑거름 위주로 하되, 토양은 너무 비옥하지 않아야 하고 물 빠짐이 좋아야 한다.

보통은 경사심기한다.

모종이 짧거나 밭이 너무 건조할 때는 수평심기한다.

▲ 고구마 순 심기

위로 나오도록 심어야 한다.
② 두둑 위에 비스듬히 모종을 놓고 아랫부분을 손가락 끝으로 땅속에 깊이 박아 넣듯이 심고 위에서 눌러준다.
③ 4~5일간 그늘에 저장한 건강한 모종을 15~20㎝ 간격으로 가능한 한 눕혀서 심는다.
④ 심는 시기가 늦었을 때는 싹이 크고 튼튼한 것을 좁은 간격으로 심고, 질소비료는 적게 칼륨비료는 많이 주어 덩이뿌리가 크고 실하게 자랄 수 있도록 한다.
⑤ 심을 때 물을 주어 초기 생육을 왕성하게 하고, 검은 비닐을 씌우면 생산량을 늘릴 수 있다.

일반 관리

① 모종을 심은 후에는 통기성을 좋게 하고 빗물이 잘 스며들 수 있도록 이랑의 딱딱한 흙을 부수어 부드럽게 만들어준다. 이렇게 하면 새 뿌리가 빨리 나고 양분을 잘 흡수하며 잡초가 생기는 것도 막을 수 있다.
② 김매기 : 한번씩 김매기를 해주면 김매기는 물론 토양의 통기성도 좋게 해준다.
③ 북주기 : 비 온 뒤 이랑의 흙이 씻겨 내려갔을 때에는 김매기할 때 흙을 긁어모아 북주기를 한다.
④ 덩굴이 퍼지기 전에 짚을 깔아주면 잡초가 생기는 것도 막을 수 있고 수분도 적게 증발하며 지온이 오르는 것도 방지할 수 있어 효과적이다.
⑤ 순지르기 : 모종이 잘 활착된 후에는 순지르기를 하면 덩굴이 빨리 퍼진다. 하지만 촘촘하게 심었을 때 순지르기하면 오히려 웃자라기 쉽고 생육이 빈약할 때는 되레 생육을 더디게 만들기도 한다.

▲ 고구마밭

▲ 고구마 싹이 올라오는 모습

재배 포인트

① 비료 : 질소 성분이 너무 많으면 덩굴만 무성해지고 알이 굵지 않아 고구마 맛이 없어진다. 인산 성분을 잘 빨아들이는 성질이 있어서 인산비료가 없어도 잘 자랄 수 있지만, 인산비료가 충분하면 단맛이 증가하고 저장력도 좋아진다.

거름 총량(g/3.3㎡)
- 요소 : 43
- 용과린 : 117
- 염화칼륨 : 107
- 퇴비 : 3,300
- 석회 : 330

② 고구마는 채소들 중 가장 고온성으로 강한 빛을 좋아하고 건조에도 잘 견디는 편이다.

③ 비료를 잘 흡수하는 작물이므로 비료 성분이 남아 있는 밭에 심을 때는 더 이상 비료를 주지 않고 키워도 되며, 척박한 땅이라면 초기 생육을 돕기 위해 밑거름 위주로 적당히 준다.

수확과 저장

① 수확 적기 : 아주심기 후 130~150일이면 수확한다. 잎이 노랗게 변했거나 많이 떨어졌으면 수확기로 볼 수 있다. 저온에 약하므로 땅의 온

도가 10℃ 이하로 떨어지기 전에 수확하는 것이 좋고, 특히 서리가 오기 전에는 해야 한다.
② 저장 온도 : 12~15℃이며, 9℃ 이하에서는 냉해를 입을 우려가 있고, 18~20℃ 이상에서는 저장 중에 발아하기 쉽다.
③ 저장 습도 : 85~90%가 알맞다. 습도가 높아 고구마의 표면이 젖을 정도가 되면 부패하기 쉽고, 너무 마르면 저장 중에 중량이 많이 감소해 건부병이 발생하기도 한다.

▲ 고구마 관리 및 수확하기

▲ 고구마꽃

▲ 수확한 고구마

병충해 방제

　모잘록병은 어린 묘 때, 특히 고온일 때 많이 생기며 뿌리의 일부가 갈색으로 변한다. 증상이 나타나면 아예 수확을 못 할 수 있으므로 심기 전 토양 소독하거나, 병원균이 알칼리성을 좋아하므로 토양 산도가 pH6.0을 넘지 않도록 석회를 너무 많이 주지 말아야 한다.

고구마의 영양소 에너지 (100g당 128kcal)

수분 66.3%, 단백질 1.4g, 지질 0.2g, 당질 30.3g, 섬유소 0.9g, 회분 0.9g, 칼슘 24mg, 인 54mg, 철 0.5mg, 나트륨 15mg, 칼륨 429mg, 비타민 A 19R.E, 베타카로틴 113㎍, 비타민 B_1 0.06mg, 비타민 B_2 0.05mg, 나이아신 0.7mg, 비타민 C 25mg

(자료: 농촌진흥청 식품성분표)

04
고추

고추의 원산지는 미국 남부와 아르헨티나 사이의 열대 지역이다. 고추는 고온성 작물에 속하며 우리나라에는 임진왜란 이전인 16세기에 들어온 것으로 알려져 있다. 과거에는 주로 건고추만 이용했기 때문에 그중 덜 익은 것을 풋고추로 수확했지만, 근래에는 소비 패턴이 바뀌면서 풋고추 전용 품종까지 나와 있다.

풋고추 품종에는 일반 풋고추와 꽈리 풋고추가 있으며, 마디 사이가 짧은 품종이 좋다. 피망 계통은 맵지 않아 '단고추'라고 부르는데, 일본에서는 컬러 피망도 생산된다. 파프리카는 피망보다 더 크고 화려한 색상을 지녀 '착색단고추'로 불린다.

일반적인 재배력

밭 만들기

① 토양 조건 : 보수력이 있는 양토 또는 식양토가 좋다. 토양 산도는 pH6.0~6.5의 약산성이 좋으며 pH5.0 이하에서는 역병 발생이 심하고 생육이 좋지 않다.

② 아주심기 2주일 전에 퇴비, 석회, 계분 등을 밭에 뿌려 갈고 두둑을 90~100㎝로 만든다.

③ 2줄 재배 : 보통 포기 간 간격을 40㎝ 정도 되게 심는데 25㎝까지 촘촘하게 심을 수도 있다.

④ 검은 비닐을 씌우면 지온이 높아져 활착이 빠르고 잡초를 억제하는 데 효과적이다.

이랑 만들기

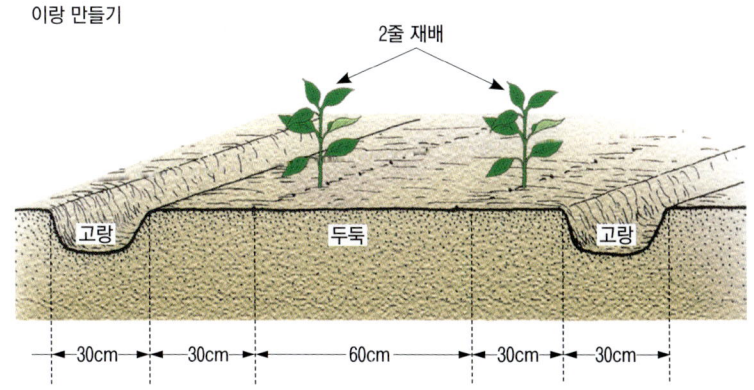

모종 기르기와 좋은 모종 고르기

① 지름 12㎝ 비닐포트나 육묘용 연결 포트에 씨를 뿌리면 잘 자란다.
② 텃밭에서 키울 때는 4월 말~5월 사이에 뿌리는 것이 적당하다.
③ 적정 발아 온도 : 28~30℃(최소 20℃ 이상)에서 5~6일 후에 싹이 튼다. 싹이 튼 후에는 위에 덮었던 신문지나 비닐 등은 즉시 걷어야 하며 이후로는 온도가 조금 낮아도 잘 자란다.
④ 씨를 뿌리고 두 달 정도 지나 옮겨 심는다.
⑤ 좋은 모종 고르기 : 모종을 구입할 경우에는 전체 모습이 직사각형인 것, 충실한 쌍떡잎이 맨 아래 붙어 있는 것, 하엽이 누렇게 변하지 않은 것, 병해나 충해를 입지 않은 것을 선택한다.

◀ 육묘용 연결 포트에 고추 모종을 기르는 모습

아주심기

① 이랑 규격 : 이랑의 넓이를 70㎝로 해 한 줄로 심거나, 150㎝로 해 2줄로 심는다. 이랑의 높이는 물이 잘 안 빠지는 곳은 20㎝ 이상으로 하여 장마 때 물에 잠기는 것을 막고, 배수가 잘 되는 곳은 15㎝ 정도로 한다.

> 물이 잘 안 빠지는 곳은 이랑을 1줄로 만든다.

밭을 만들고 비닐을 씌우면 지면의 온도가 높아져 활착이 빠르고 잡초를 억제하는 데 효과적이다.

◀ 고추 모종을 밭에 아주심기한 모습

② 아주심기 시기 : 늦서리(만상)가 끝난 다음에 곧 옮겨 심으면 좋은데 대개 남부 지방은 5월 상순, 중부 지방은 5월 중순경의 바람이 없고 맑게 갠 날이 좋다.

③ 아주심기 방법 : 심기 전날 모종에 물을 충분히 주어 포트에서 빼낼 때 뿌리를 감싸고 있는 흙이 부서지지 않도록 준비해둔다. 심기 전에 먼저 두둑에 비닐을 씌우고 모종삽으로 40㎝ 간격으로 구멍을 판 후 미리 물을 충분히 준 다음 심는다. 모종의 흙이 보일 정도로 너무 깊지 않게 심고, 심은 후 다시 물을 충분히 준다. 가지가 부러지기 쉬우므로 옮겨 심은 후 바로 지주를 세워준다.

▲ 가지가 부러지기 쉬우므로 옮겨 심은 후 바로 지주를 세워준다.

④ 물주기 : 보통 4~5일 간격으로 주는데 아주심기 때 충분히 물을 준 후 관수량을 줄였다가 뿌리가 깊게 뻗으면 다시 충분히 준다.

⑤ 개화 시기 : 일반적인 품종은 옮겨심기 때, 즉 본잎이 11~13장 되었을 때 (손톱보다 큰 잎으로, 생장점 부분을 따로 벌리지 않아도 잘 보인다.) 이미 30송이 가까운 꽃이 필 준비가 끝난다. 그리고 약 10~13마디의 갈라지는 가지(분지) 사이에서 첫 번째 꽃이 피는 특성이 있다. 이후 계속해서 각 분지 사이에 꽃이 맺혀 한 주당 300~400송이의 꽃이 핀다. 일시에 피는 것은 아니고 3~4회 주기로 많이 피다가 적게 피다가 한다.

▲ 고추꽃

순지르기와 거름주기

① 첫 번째 꽃이 맺히며 갈라지는 가지인 방아다리 밑으로 곁가지가 생기는데 전부 제거해주어야 고추 열매가 잘 자란다. 이때 잎을 훑지 않는 것이 뿌리가 튼튼히 자라는 데 도움이 된다.

② 첫 수확 때 잎의 반을 훑어주고 나머지는 그 다음 수확 때 제거한다.

③ 거름주기 : 고추는 생육 기간이 길어 재배 기간 중 웃거름을 주어야 하는데 물주기 때 물에 녹여 주는 것이 가장 좋다. 아주심기 하고 한 달 후에 첫 번째 웃거름을 주고, 그 후 35~40일 후에 두 번째, 마지막 웃거름은 중부 지역은 8월 중순경, 남부 지역은 8월 하순경에 준다.

거름 총량(g/3.3㎡)
- 퇴비 : 10,000
- 계분 : 600
- 요소 : 30~40
- 용과린 : 300
- 염화칼륨 : 50
- 석회 : 250
- 요소는 덧거름으로 25g씩 3회 주고 염화칼륨는 마지막 덧거름 시 50g을 준다.

수확과 건조

① 수확 적기 : 보통 개화 후 45~50일이 지나면 빨갛게 착색되고, 열매 표면에 주름이 잡히면 매운맛이 강해져 수확 적기로 볼 수 있다.

② 풋고추 : 대개 꽃 핀 후 15~20일 정도 지났을 때, 열매가 완전히 비대해지기 직전에 수확해야 가장 좋은 품질을 계속해서 많이 딸 수 있다. 풋고추는 7~10℃에서 45~50일간 저장할 수 있다.

③ 건조 : 화력 건조할 경우 50℃ 정도에서 2일간 건조한 후에 2~3일간 햇빛에 말려 습기를 제거한다. 옥외에서 햇빛에 말릴 경우 자주 뒤집어주어 변색되지 않도록 주의한다.

▲ 10~13마디에서 첫 꽃이 피고 계속해서 꽃이 맺힌다. 영양 공급상 전부 고추로 크지는 않는다.

재배 포인트

① 조사 : 고온성 채소이기 때문에 햇빛이 많이 들어야 한다. 여름에 너무 건조하지만 않으면 특별히 토질을 가리지는 않는다.

② 거름주기 : 생육 기간이 비교적 길기 때문에 퇴비를 충분히 준다.

③ 물주기 : 과다한 습기와 건조에 약하므로 물주기에 신경 써야 한다. 보통 4~5일 간격으로 주는데 아주심기 때

▲ 고추를 햇볕에 말릴 때는 자주 뒤집어주어 변색을 막는다.

충분히 물을 주고 이후에는 양을 줄였다가 뿌리가 토양으로 깊게 뻗으면 다시 충분히 물을 준다.

> 고추는 과습에 약하므로 물 관리를 잘해야 한다.

병충해 방제

① 주요 병해충 : 탄저병, 무름병, 역병, 풋마름병, 바이러스병
② 병해충 방제 : 가지과 채소를 이어짓기한 토양에 심지 말고, 주위의 잡초를 제거하고, 질소비료를 너무 많이 주지 말고, 석회질비료를 밑거름으로 주어 초세(식물의 생육이 왕성한 정도)를 잘 유지한다.

피망 재배하기

① 특징 : 건조한 것을 싫어하므로 물을 충분히 주어야 하며, 비료도 일반 고추보다 많이 요구하는 편이다.
② 배합토 : 25~30℃ 정도의 고온이 좋고 이어짓기를 싫어하므로 배합토는 항상 새것을 쓰는 것이 좋다. 먼저 재배상자에 흙, 퇴비, 계분 등을 섞은 기름진 배합토를 담아놓는다.

▲ 피망 모종 심기

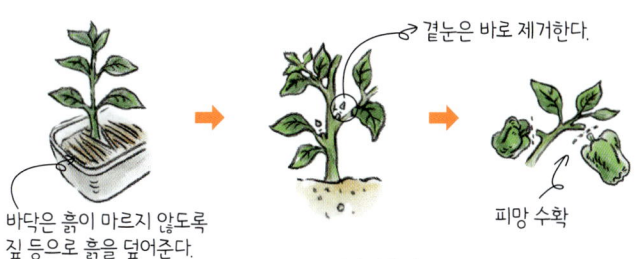

▲ 피망 키우기

③ **모종 구입** : 본잎이 7~8장 정도인 모종을 구입해 쓰는 것이 편하다.
④ **모종 심고 가꾸기** : 구덩이를 파고 물비료를 적당히 준 다음 모종을 심고 흙으로 가볍게 덮어준다. 고추처럼 지주를 세워줘야 하며, 짚 등으로 덮어주면 쉽게 마르는 것을 방지할 수 있다. 심고 20~30일 후에 복합비료를 웃거름으로 준다. 아래쪽 마디에서 나오는 곁가지는 바로 제거한다. 열매가 적당히 크고 녹색이 선명할 때 수확한다.

고추의 영양소

[붉은고추] 에너지 (100g당 39kcal)

수분 84.6%, 단백질 2.6g, 지질 1.7g, 당질 5.3g, 섬유소 5.0g, 회분 0.8g, 칼슘 16mg, 인 56mg, 철 0.9mg, 나트륨 12mg, 칼륨 284mg, 비타민 A 1078R.E, 베타카로틴 6466㎍, 비타민 B_1 0.13mg, 비타민 B_2 0.21mg, 나이아신 2.1mg, 비타민 C 116mg

[풋고추] 에너지 (100g당 19kcal)

수분 91.3%, 단백질 1.6g, 지질 0.3g, 당질 3.6g, 섬유소 2.6g, 회분 0.6g, 칼슘 13mg, 인 38mg, 철 0.5mg, 나트륨 10mg, 칼륨 246mg, 비타민 A 52R.E, 베타카로틴 312㎍, 비타민 B_1 0.10mg, 비타민 B_2 0.05mg, 나이아신 1.1mg, 비타민 C 72mg

(자료: 농촌진흥청 식품성분표)

05 당근

당근은 미나리과 식물이다. 등황색 품종은 17세기 이후 네덜란드에서 개량되었고, 현재 많이 재배되는 1대잡종 품종은 1950년대에 미국에서 육성된 이래 우리나라에서는 70년대 중반에 개발, 보급이 시작되었다.

봄 재배 또는 여름 재배가 가능하다. 봄 재배는 3월 하순경에 씨를 뿌려 7월 중순경에 수확하고, 여름 재배는 7월 하순경에 씨를 뿌려 11월 중순경에 수확한다. 4~5년간 이어짓기함에 따라 수량이 늘어나고 품질도 좋아진다. 발아에 적당한 온도는 15~25℃, 생육에는 18~21℃가 적당하다.

일반적인 재배력

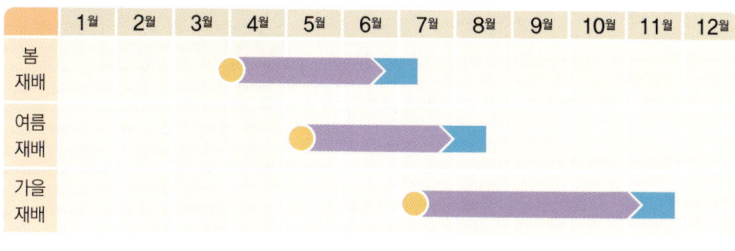

● 씨뿌리기　━ 생육기　━ 수확

밭 만들기

① **토양 조건** : 비옥한 사질양토가 가장 적당하다. 토양 산도는 pH5.3~7.0로 둔감한 편이다.
② 이랑을 만들기 전에 퇴비와 밑거름을 넣는다.
③ 이랑은 재배 형태에 따라서 두둑과 고랑 폭을 결정해 만든다.

▲ 당근밭

이랑 만들기

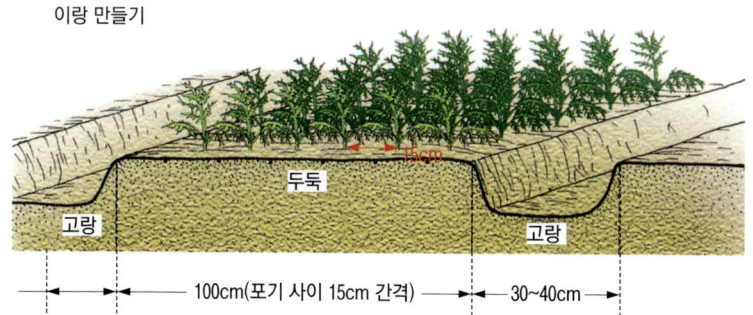

05. 당근 149

씨뿌리기

① 털이 나 있는 씨앗은 손바닥으로 잘 비벼 털을 제거한다. 이랑 폭을 60㎝ 전후로 해 씨앗을 밭 전체에 골고루 뿌린다.
② 씨뿌리기 전에 물을 충분히 주어 습기를 유지하도록 한다.
③ 당근 씨앗은 햇빛을 좋아하기 때문에 씨를 뿌린 다음 흙을 얇게 덮어야 한다.
④ 흙을 덮은 다음 괭이 등으로 살짝 눌러 다진다. 발아 후에는 생장이 느리기 때문에 키가 5㎝ 정도 되었을 때 제초 작업을 해야 한다.

▲ 당근 씨앗

솎아주기

① 솎아주기 : 본잎이 2~3장 났을 때 서로 잎이 닿지 않을 정도로 솎아주기 하며 본잎이 4~5장 나왔을 때 포기 사이가 10~15㎝ 정도 되게 솎아준다.

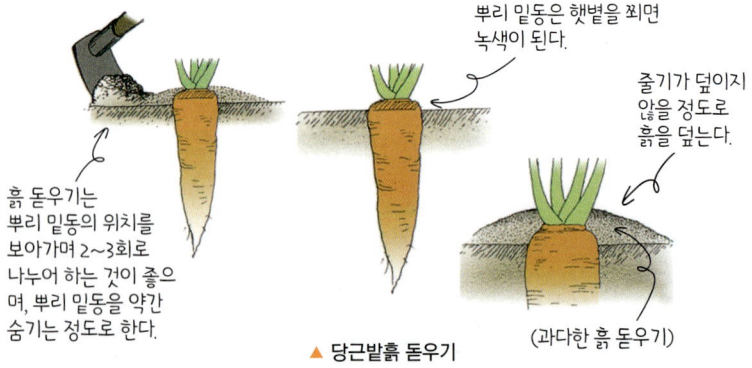

▲ 당근밭흙 돋우기

② 흙 돋우기 : 뿌리가 햇빛에 노출되면 녹색으로 변하기 때문에 흙 속에 묻히도록 흙 돋우기를 해야 한다. 흙 돋우기는 줄기가 덮이지 않을 정도로 하며 뿌리 밑동은 흙에 덮이는 것이 좋다.

거름주기

① 비료 : 3.3㎡당 질소는 밑거름으로 20g을 주고 칼륨은 밑거름으로 14g을 주며 나머지는 웃거름으로 준다.

② 웃거름은 자람에 따라 2회로 조절해도 되며 대개 솎아주기한 후 비료를 준다.

③ 비료분이 약하면 비대가 늦게 되므로 솎아주기한 후 복합비료를 뿌리고 괭이로 가볍게 눌러준다.

거름 총량(g/3.3㎡)
- 요소 : 140~200
- 용과린 : 170
- 염화칼륨 : 60~70
- 퇴비 : 5,000
- 석회 : 1,000

밑거름으로 복합비료를 주어도 상관없다.

재배 포인트

① 잡초 제거 : 씨뿌리기 후 3일 이내에 리누론 수화제(아파론, 아파록스)를 물 20L에 20g 타서 이랑에 분무기로 뿌리면 1년생 벼과 잡초와 잎이 넓은 잡초를 막을 수 있다.

② 솎아주기 : 솎아주기할 때 사이갈이와 북주기도 함께하면 바람 피해, 잡초, 뿌리머리 푸름증 방지에 효과가 있다.

③ 흙 돋우기 : 수확하기 1개월 전쯤 흙 돋우기를 해 지상부에 뿌리가 보이지 않도록 해야 한다.

④ 당근 뿌리의 색소는 씨뿌리기 후 40일경부터 나타난다. 토양의 습도가 높으면 색소의 발현이 나빠지므로 물이 잘 빠지도록 관리한다.

▲ 당근꽃

수확과 저장

① 수확 시기 : 수확기가 늦으면 뿌리의 표면이 거칠어지므로 조생종은 씨뿌리기 후 70~80일, 중생종은 90~100일에 수확한다. 외관상 겉잎이 지면에 닿을 정도로 늘어졌을 때를 수확기로 본다.

▲ 수확한 당근

② 저장 : 0℃, 93%의 다습한 조건에서 6개월 이상 저장이 가능하다. 가을에 수확한 경우 구덩이를 파서 저장하는 움저장법을 많이 이용한다.

병충해 방제

① 주요 병해충 : 무름병, 갈색무늬병, 검은빛잎마름병, 벼룩잎벌레, 도둑나방
② 병해충 방제 : 무름병은 석회를 밑거름으로 주면 발생이 줄어들며 갈색무늬병은 목탄을 뿌리 근처에 뿌려주면 방제 효과가 있다. 벼룩잎벌레는 뿌리와 잎의 생장을 저해하는데 상처로 무름병이 발생하기도 한다. 따라서 발생 초기에 약제로 방제해야 한다.

당근의 영양소 에너지 (100g당 34kcal)

수분 89.5%, 단백질 1.1g, 지질 0.1g, 당질 7.8g, 섬유소 0.8g, 회분 0.7g, 칼슘 40mg, 인 38mg, 철 0.7mg, 나트륨 30mg, 칼륨 395mg, 비타민 A 1270R.E, 베타카로틴 7620μg, 비타민 B_1 0.06mg, 비타민 B_2 0.05mg, 나이아신 0.8mg, 비타민 C 8mg

(자료: 농촌진흥청 식품성분표)

06 들깨

들깨는 꿀풀과에 속하며 조생종은 9월 초, 만생종은 9월 말경에 개화한다. 대체로 만생종이 키가 작고 잎이 비교적 크면서도 두터운 편이며 일장(日長)에 둔감해 잎 생산을 위한 재배에 많이 쓰이다 생육에 적당한 온도는 15~20℃이고, 광포화점은 약 1만 2,000lux이다. 33㎡(10평)당 씨앗 소요량은 2mL 정도다.

잎을 수확하는 품종	잎들깨1호, 만백들깨, 구포들깨, 금산들깨
잎과 씨앗을 모두 수확하는 들깨 품종	백광들깨, 대엽들깨, 백상들깨, 새엽실들깨, 아름들깨, 영호들깨

일반적인 재배력

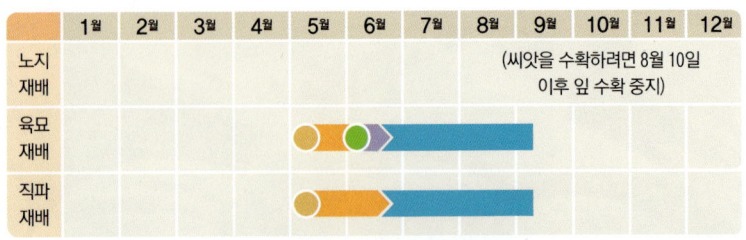

밭 만들기

① 토양 조건 : 유기질이 풍부한 사질양토가 적합하다. 토양 산도는 pH6.0 정도의 약산성이나 중성이 좋다.

② 이랑을 만들기 전에 퇴비와 비료를 밑거름으로 넣는다.

③ 씨뿌리기 : 물 빠짐이 좋은 땅은 두둑을 따라서 열을 지어 씨를 뿌리고, 물 빠짐이 안 좋은 땅은 고랑 쪽으로 열을 지어 배수가 잘되게 뿌린다.

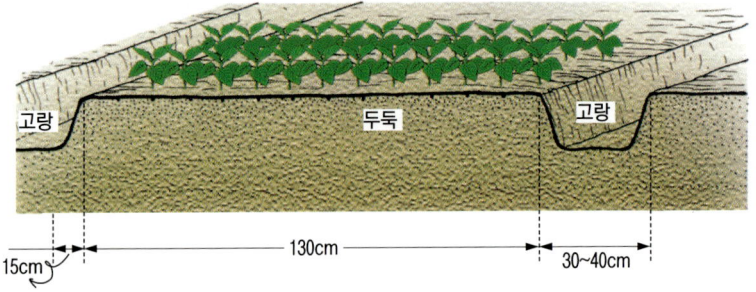

씨뿌리기

① 씨뿌리기 시기 : 땅 온도가 20℃ 이상 되어야 발아가 잘되므로 4월 중순경부터 뿌린다.

② 씨앗은 뿌리기 전에 3~4시간 정도 물에 담가 바닥에 가라앉은 씨앗만 골라 골을 지어 뿌린다. 이때 골 간격은 20㎝ 정도로 한다.
③ 발아할 때 빛이 필요하므로 씨뿌리기 후 씨앗 위에 흙을 덮지 말고 판자 등으로 가볍게 눌러 씨앗을 흙 속으로 밀어 넣거나 고운 모래로 덮어준다.
④ 솎아주기 : 본잎이 1~2장 정도 나면 5㎝ 간격으로, 본잎이 3~4장 정도 되면 10㎝ 간격으로 솎아준다.
⑤ 20일에 한 번 정도 깻묵이나 비료를 조금씩 식물체 주변에 뿌려주고 가볍게 토양을 갈아준다.

거름주기

① 밑거름은 심기 일주일 전에 준다.
② 유기질비료와 인산비료는 모두 밑거름으로 주고, 질소와 칼륨비료는 절반을 웃거름으로 사용한다.

거름 총량(g/3.3㎡)
- 요소 : 100~200
- 용과린 : 100
- 염화칼륨 : 100
- 퇴비 : 10,000
- 석회 : 500

③ 웃거름은 심고 나서 20~25일 간격으로 포기 사이에 흙을 파서 준다.

수확

① 잎들깨는 잎이 완전히 자라 겉잎 색이 선녹색을 띠고 뒷면 잎맥이 자색을 띨 때 수확한다.
② 대개 잎의 크기가 가로세로 7~10㎝ 되었을 때가 적기로 일주일 간격으로 아래쪽 잎부터 차례대로 수확한다.

▲ 수확기의 들깨 모습

③ 들깨는 본래 씨앗을 이용하려고 재배했지만 잎 고유의 향으로 인해 잎의 수요가 씨앗의 수요를 능가하고 있다.
④ 잎을 수확한 후 가을에 씨앗을 수확하고자 할 때는 8월 상순까지는 잎을 따고 8월 중순 이후에는 잎을 따지 말고 그대로 유지시켜 개화를 유도하고 10월 중순경에 서리가 내리면 들깨를 베어서 세워 건조시킨 후 씨앗을 털어 수확한다.

▲ 들깨 씨앗

병충해 방제

① 녹병 : 줄기와 잎이 무성하거나 여름철 비가 자주 내리고 햇볕이 부족할 때 발생하므로 곁가지를 제거해 햇빛을 잘 받고 통풍이 잘 되도록 해 모가 웃자라는 것을 막는다. 다이센엠으로 방제한다.
② 진딧물 : 건조하면 많이 발생하고 퍼지는 속도도 빠르다. 진딧물은 내성이 생겨 잘 죽지 않으므로 방제약 선택을 잘해야 한다. 체스 같은 약제로 방제한다.

들깻잎의 영양소 에너지 (100g당 29kcal)

수분 87.6%, 단백질 3.9g, 지질 0.5g, 당질 4.4g, 섬유소 2g, 회분 1.6g, 칼슘 198mg, 인 58mg, 철 3.1mg, 나트륨 11mg, 칼륨 303mg, 비타민 A 1553R.E, 베타카로틴 9319 μg, 비타민 B_1 0.09mg, 비타민 B_2 0.28mg, 나이아신 1.1mg, 비타민 C 55mg

(자료: 농촌진흥청 식품성분표)

07 딸기

딸기의 야생종은 지구상에 비교적 널리 분포하고 있으나, 우리가 보통 먹는 대과성 품종이 재배된 것은 영국과 미국을 중심으로 불과 150년 정도밖에 되지 않는다. 우리나라에도 늦게 도입되어, 해방 전까지는 드물게 재배되다가 1950년대 후반부터 수원에서 상업적으로 재배되기 시작해 전국적으로 퍼졌다.

과거에는 반촉성용인 '육보'와 촉성용인 '장희' 등 일본 품종을 많이 재배했지만, 21세기 들어 지적재산권이 부각되면서 이후 로열티를 지급하지 않아도 되는 우리나라 품종을 개발해 재배하고 있다. 요즘은 '설향'이 시장의 대부분을 차지하고 있으며, 지금도 고유 품종들이 계속 만들어지고 있다.

▲ 딸기 설향　　▲ 딸기 육보　　▲ 딸기 정희

일반적인 재배력

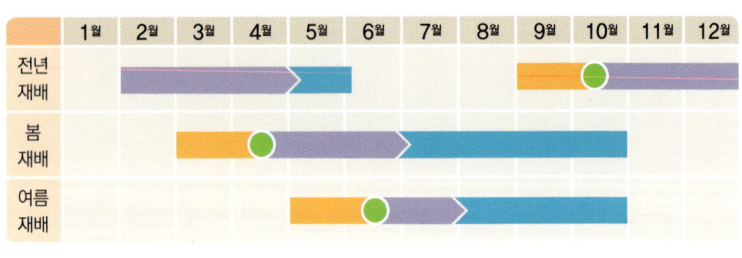

━ 모기르기　● 아주심기　━ 생육기　━ 수확

밭 만들기

① 딸기는 비료의 피해를 받기 쉬우므로 반드시 옮겨심기 15일 전에 밑거름을 뿌려줘야 한다.

② 퇴비(6.7㎏) 또는 부엽토를 지면이 보이지 않을 정도로 토양 전체에 뿌리고, 그 위에 3.3㎡당 660g의 복합비료와 330g의 깻묵을 뿌린 후 15㎝ 이상 깊이로 갈아준다.

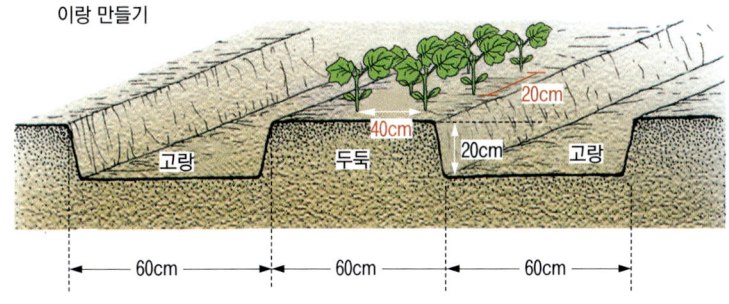

이랑 만들기

모종 기르기

'모종 농사가 반 농사'라는 말이 있는데, 딸기에 있어서는 '모종 농사가 전부'라고 할 정도로 모종을 키우는 것이 중요하다. 따라서 튼튼한 모종을 사다가 심는 것이 편리하다.

아주심기

① 아주심기 시기 : 보통 10월 중순, 따뜻한 곳에서는 하순에 옮겨 심어야 한다.
② 아주심기 방법 : 깊이 심으면 안 되고 잎에 달려 있는 뿌리가 지상부에 나와 있도록 하는 것이 중요하다.
③ 물을 충분히 준다.

재배 포인트

▲ 딸기 모종을 밭에 아주심기 한 모습

① 딸기의 꽃눈은 이전 해 가을(해가 짧아지고 온도가 낮아지는 때)에 생겨서 휴면에 들어가는데 반드시 겨울에 5℃ 이하의 저온을 거쳐야만 깨어나 생장을 하며 꽃대가 자란다.

② 겨울철에 너무 추우면 품종에 따라 생장에 지장을 받을 수 있으므로 비닐 터널 속에서 관리한다.
③ 3월 상순~중순에 이랑의 어깨 부분에 밑거름 양의 1/3 정도 되는 비료를 웃거름으로 뿌려주고, 이랑 사이에 있는 흙을 괭이로 퍼 올려 비료 위에 덮어준다.
④ 웃거름을 준 후에는 이랑 전체에 비닐을 덮어준다. 모종에 비닐이 닿지 않도록 닿는 부분의 비닐을 가위로 절단해 모종의 상부가 비닐 위로 드러나도록 해준다.
⑤ 비닐은 가능한 한 토양에 밀착시켜 물이 고이지 않도록 한다. 비닐로 덮어주면 토양 온도가 높아지고, 건조를 방지할 수 있으며, 열매에 흙이 묻지 않도록 관리할 수 있다.
⑥ 검은색 비닐을 사용하면 토양의 온도를 높이는 효과는 떨어지지만 잡초 발생은 막을 수 있다.

▲ 딸기 모종 심기(상자 재배)

◀ 딸기꽃이 피기 시작하는 모습

수확

① 개화 후 1개월 정도면 열매가 익어 수확할 수 있다.
② '육보', '매향'같이 경도가 높은 품종은 거의 완숙했을 때 수확해야 맛이 좋으나, '설향' 품종은 꽃받침에 붙어 있는 꽃받침 부근이 약간 연녹색이나 흰색으로 남아 있을 때 수확해도 무방하다.

3월 중순경 다시 웃거름을 준다.

개화 후 1개월 정도 지나면 열매가 익는다.

▲ 딸기 관리 및 수확하기

◀ 수확한 딸기

병충해 방제

① 병해충 예방 : 심을 때 바이러스에 걸려 있지 않은 것을 고르는 것이 중요한데, 작은 세 잎의 모양이 균일한 모종을 고르면 된다.
② 주요 병해충 : 잿빛곰팡이병, 흰가루병, 탄저병 등이 있다.
③ 다른 작물에 비하여 저온에서 자라기 때문에 비교적 병이나 해충이 덜 나타나는 편이다.

딸기의 영양소 에너지 (100g당 35kcal)

수분 90.1%, 단백질 0.7g, 지질 0.1g, 당질 8.9g, 섬유소 1.1g, 회분 0.2g, 칼슘 12mg, 인 25mg, 철 0.2mg, 나트륨 3mg, 칼륨 135mg, 비타민 B_1 0.08mg, 비타민 B_2 0.04mg, 나이아신 0.6mg, 비타민 C 56mg　　(자료: 농촌진흥청 식품성분표)

08 마늘

우리나라에 마늘이 들어온 것은 기원전으로 알려져 있다. 재배되는 품종은 크게 난지형과 한지형으로 나뉘는데, 남해 연안과 섬 지방, 제주도같이 겨울이 따뜻한 지역에 적응된 품종이 난지형, 내륙이나 중부 지방의 한랭지에 적응된 품종이 한지형이다. 난지형은 쪽수가 8쪽 이상으로 많고 저장성이 안 좋은 반면, 한지형은 쪽수가 6쪽 내외이고 만생이지만 저장성이 좋다. 난지형은 추위에 약해 중부 지역에서는 하우스 재배만 가능하다. 토심이 깊고 물 빠짐이 좋은 중점토나 점질양토에서 저장력이 좋고 우수한 마늘이 생산된다. 석회나 퇴비의 사용 효과가 크고, 산성이 강하면 잘 자라지 않으며 뿌리 끝이 둥글고 알뿌리의 비대가 좋지 않다.

분류	설명
난지형 마늘	제주종, 해남종, 남도마늘, 대서마늘, 자봉마늘 8쪽 이상이며 한지형에 비해 매운맛이 적고 저장성이 약하다.
한지형 마늘	서산종, 의성종, 단양종 마늘 쪽수는 6쪽 내외이고 매운맛이 강하며 저장성이 좋다.

일반적인 재배력

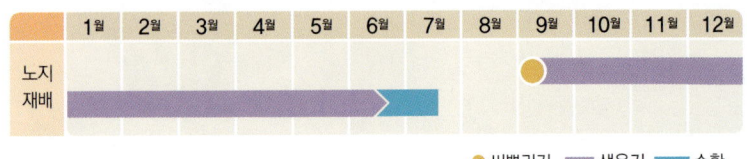

밭 만들기

① **토양 조건** : 토심이 깊고 물 빠짐이 좋은 중점토나 점질양토가 적합하다. 토양 산도는 pH5.5~6.0의 중성으로 석회나 퇴비를 뿌리면 좋다.
② 이랑을 만들기 전에 퇴비와 비료를 밑거름으로 넣는다.
③ **이랑 만들기** : 이랑은 재배 형태에 따라서 두둑과 고랑 폭을 결정하는데, 물 빠짐이 좋은 땅은 5줄 재배하고 물 빠짐이 안 좋은 땅은 4줄 재배한다.

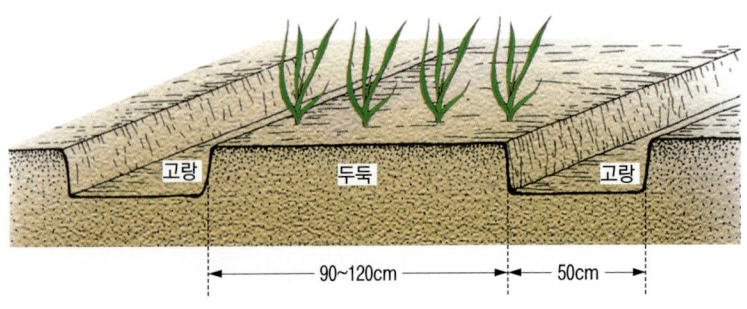

④ 두둑에 비닐을 덮으면 지온이 높아져서 생육이 빠르고 김매기와 물주기 횟수를 줄일 수 있다.

▲ 두둑에 비닐을 덮은 모습

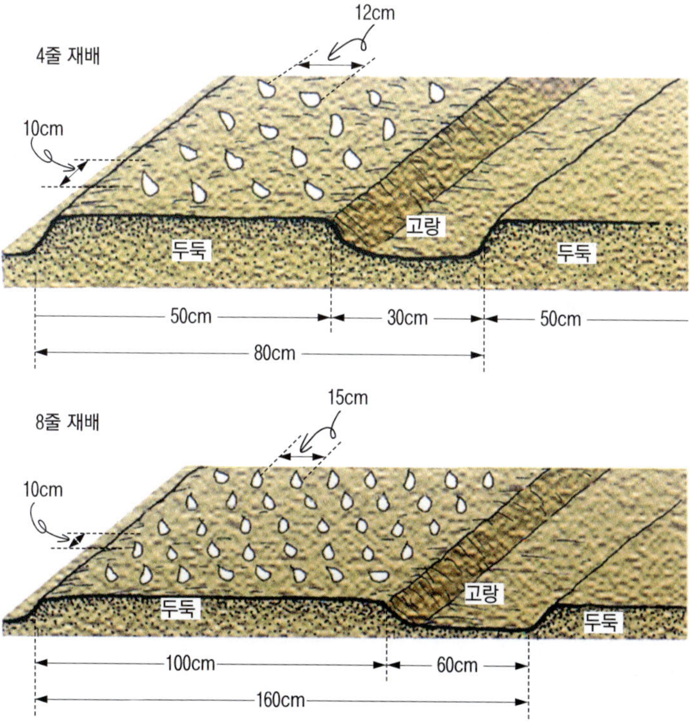

4줄 재배
12cm
10cm
고랑
두둑 두둑
50cm — 30cm — 50cm
80cm

8줄 재배
15cm
10cm
고랑
두둑 두둑
100cm — 60cm
160cm

▲ 마늘 심기

씨마늘(종구) 심기

① 씨마늘 : 10㎡당 70~80개 정도 든다.

② 씨마늘 소독 : 벤레이트티 400배액에 1시간 담갔다 꺼내 그늘에서 말린 후 뿌린다.

③ 이랑 규격 : 한 두둑 안에 줄 사이 15~20㎝, 포기 사이 10~12㎝ 간격으로 4~5줄로 심는다.

④ 씨마늘 심기 : 심은 후 흙을 덮은 다음에는 가볍게 흙을 다져 물이 잘 스며들게 해준다. 한랭 건조한 지방에서는 볏짚, 낙엽, 미숙 퇴비 등으로 덮어주는 것이 좋다.

⑤ 심는 방법 : 마늘은 월동 작물로 뿌리가 곧고 길게 자라므로 깊이 심어야 한다. 인편의 뿌리가 난 쪽이 밑으로 가도록 하여 인편 길이의 2배 정도인 4~5㎝ 깊이로 심고 흙을 덮는다.

> 심을 때 너무 조밀하게 심으면 웃자라고, 알뿌리의 비대가 좋지 않다.

일반 관리

① 관리 방법 : 토양이 건조하면 뿌리내림이 늦고 월동력이 약해지므로 가을 가뭄 때는 물주기와 비닐, 짚 덮기를 해준다. 짚 덮기는 11월 중하순에 한다.

◀ 마늘 싹이 올라오는 모습

② **비닐 덮기** : 씨뿌리기 후 땅이 얼기 전에 투명 비닐을 덮고 겨울을 난 다음, 본잎이 3장 내외가 될 때 비닐을 뚫어 싹을 밖으로 유인한다.

③ **흙덮기** : 마늘이 자라면서 지온이 올라가는 것을 막기 위해 한두 차례 흙을 비닐 위에 얕게 덮어준다.

④ 봄에 비가 자주 오면 배수구를 정비해 습해를 예방한다. 가물 때는 고자리파리가 잘 생기므로 물비료를 주고, 물주기를 잘 하며, 흙과 짚으로 덮어 건조해지지 않도록 관리한다.

> **거름 총량(g/3.3㎡)**
> • 요소 : 181
> • 용과린 : 128
> • 염화칼륨 : 71
> • 퇴비 : 10,000
> • 석회 : 500
> ※ 밑거름으로 복합비료를 주어도 상관없다.

⑤ **마늘종 제거** : 마늘종(마늘 꽃대)이 자라는 시기는 알뿌리의 비대기와 같이 진행되므로 나타나는 즉시 제거해준다.

⑥ **물주기** : 알뿌리의 비대기에는 10일 간격으로 3㎝ 정도씩 땅속 깊이 스며들 정도로 충분히 준다.

⑦ **장마철** : 장마철에는 배수구 정비와 무름병 방제에 신경 쓰고, 적기에 수확해 잘 건조시켜야 오래 저장할 수 있다.

재배 포인트

① 마늘쪽이 분화되기 위해서는 5℃ 이하에서 30일이 경과해야 한다.

② 발아에는 15~27℃, 생육에는 18~20℃가 적당하고, 25℃ 이상의 고온에서는 생육이 정지한다.

한 접은 채소나 과일 100개를 말한다.

▲ 수확 후 한 접씩 묶어놓은 모습

③ 알뿌리의 비대는 일장과 온도의 영향을 많이 받는데 12시간의 장일 조건에서 촉진되고 단일 조건에서 억제된다.

수확

잎과 줄기가 1/2~2/3가량 누렇게 변했을 때 수확한다. 수확기가 늦어지면 저장성이 떨어지고 열구와 부패과가 많이 발생한다.

병충해 방제

▲ 수확한 마늘

① 잎마름병 : 4~5월에 나타나기 시작한다. 습한 조건에서 발생하므로 배수에 유의하고 살균제를 살포해 번지는 것을 막는다. 4월 중순경 이프로 수화제 또는 안트라콜 수화제에 전착제를 첨가해 10~15일 간격으로 살포한다.

② 뿌리응애 : 주로 생장점 부근의 뿌리가 발생하는 부분에 모여 집단으로 해를 끼치는데 심할 경우 인편 내부까지 썩는다. 온도와 습도가 높은 조건에서 번식이 왕성하다. 토양 살충제를 살포하는 것도 효과가 있지만 씨마늘(종구)을 통하여 감염되지 않도록 주의해야 한다.

마늘의 영양소 에너지 (100g당 19kcal)

수분 86.2%, 단백질 3.5g, 지질 0.5g, 당질 7.6g, 섬유소 1.4g, 회분 6.8g, 칼슘 32mg, 인 46mg, 철 1mg, 나트륨 10mg, 칼륨 339mg, 비타민 A 282R.E, 베타카로틴 1690μg, 비타민 B_1 0.13mg, 비타민 B_2 0.12mg, 나이아신 0.8mg, 비타민 C 81mg

(자료: 농촌진흥청 식품성분표)

09 무

무의 원산지는 지중해 연안이다. 우리나라에서는 삼국시대부터 재배되었고 고려시대에 이미 중요한 채소로 취급되었다. 조선시대 문인인 허균의 기록에 따르면 '무는 매월 씨뿌리기가 가능하고 매월 먹을 수 있다.'고 적혀 있다. 십자화과에 속하며, 중국을 통해 들어온 북지무 계통과 중국에서 일본을 통해 들어온 남지무 계통으로 나뉜다. 근래에 샐러드용으로 20일무가 재배되기 시작했다. 기르고자 하는 시기와 용도에 따라 크기별, 계절별로 품종을 선택할 수 있다.

【무의 종류】

종류	설명
봄무	대형 봄무가 무의 봄 재배를 가능하게 한 대표 품종이다. 뿌리의 길이가 30㎝가량으로 수량이 많고 추대가 늦어 봄에 키울 수 있다. 가을무 품종은 추대가 빠른 성질을 가지고 있어서 봄에 키우면 낮은 온도 때문에 꽃대가 올라와 뿌리가 자라지 않아서 낭패를 볼 수 있다.
가을무	가장 많이 재배되는 김장용이나 저장용 품종으로, 뿌리 윗부분의 녹색이 짙은 편이고 길이가 25㎝ 정도이다.
소형무	일반 가을무와 알타리무의 중간 정도의 품종으로 뿌리는 12~15㎝이다. 깍두기, 동치미 및 총각김치용으로 쓸 수 있다.
알타리무	대표적인 총각김치용 품종으로 뿌리는 9~12㎝이다. 생육 기간이 40~50일이다.
20일무	씨뿌리기 후 20~30일이면 수확할 수 있는 초단기 재배 품종으로 뿌리 색깔이 적색과 흰색 두 가지 계통이 있으나 육질은 모두 흰색이다. 적환 20일무, 적장 20일무 등이 있는데 수확기를 놓치면 바람이 들기 쉽다. 샐러드용으로 재배가 늘고 있다.
열무	잎을 이용하는 품종으로 수확 때 잎의 수가 7~10장이고 잎의 길이는 30㎝ 정도이다.

▲ 알타리무

▲ 열무

일반적인 재배력

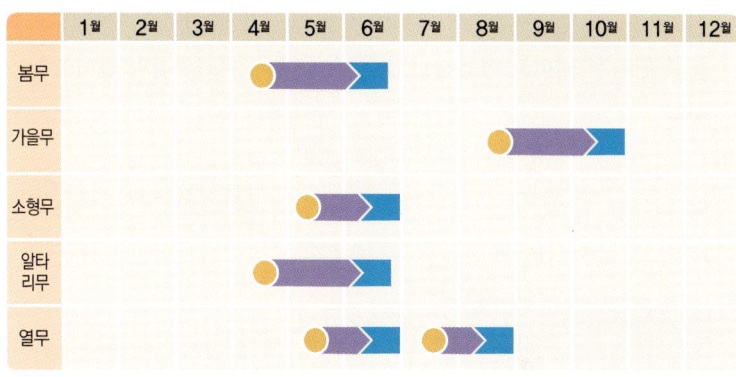

밭 만들기

① 준비 : 무 뿌리는 곧게 뻗는 성질이라 이식이 잘 안 되며 되더라도 기형적으로 자라므로 밭이나 재배상자에 직접 씨를 뿌려야 한다.

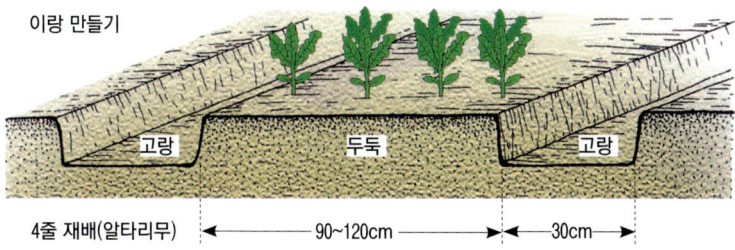

구분	두둑(cm)	고랑	포기 사이(cm)
무	30~45	30	25~30
소형무	25~30	20~30	0~25
알타리무(4줄 재배)	90~120	30	15~15
열무	90~120	30	0

② 토양 조건 : 토심이 깊고 보수력이 있고 배수가 잘 되는 사질양토가 적합하다. 돌멩이나 덜 썩은 퇴비 등이 있으면 뿌리가 변형되기 쉬우므로 완숙된 퇴비를 이용하고 밭은 30~35㎝ 정도로 깊이 갈아놓아야 좋다.

③ 이랑 만들기 : 이랑을 만들기 전에 퇴비와 비료를 밑거름으로 넣는다. 물 빠짐이 좋은 땅은 5줄 재배하고 물 빠짐이 안 좋은 땅은 4줄 재배한다.

> 두둑에 비닐을 씌우면 지온이 높아져 생육이 빠르고 잡초가 생기는 것을 방지할 수 있다.

씨뿌리기

① 씨앗 : 점뿌림할 경우에는 10㎡당 약 10mL의 씨앗이 필요하고, 줄뿌림할 경우에는 약 20mL가 쓰인다.
② 포기 간격 : 보통 품종의 경우 25~30㎝, 재래종이나 뿌리가 작은 품종은 20~24㎝ 정도로 한다.

▲ 무 씨뿌리기 및 초기 관리

③ 씨뿌리기 온도 : 13℃ 이상이 생육에 적당하며, 그 이하의 저온을 맞지 않도록 관리해야 한다.

> 씨뿌리기를 고온기에 하므로 짚, 왕겨 등으로 덮어서 지온이 너무 오르는 것을 막아주는 것이 좋다.

④ 봄 재배 : 봄 재배용 품종을 심지 않으면 꽃대가 올라와서 무가 쪼그라든다.
⑤ 가을 재배 : 중부 지방은 8월 20~25일, 중남부 지방은 8월 25~30일, 남부 지방은 9월 1~5일이 씨뿌리기 적기이다.

솎아주기

① 보통 2~3회 정도 솎아주기하는데, 떡잎 모양이 반듯한 심장 모양인 것을 남기고 제거한다.
② 가능하면 일찍 솎아주는 것이 생육에 좋으며, 잎의 색깔이 짙은 것, 생육이 불량한 것, 밀식된 것을 솎아주고 동시에 북을 돋아준다.

▲ 봄·가을무 솎아주기

③ 봄·가을무는 본잎이 1장일 때 한 구덩이에 3포기, 3~4장일 때 2포기, 6~7장일 때 1포기를 남긴다. 소형무는 본잎이 2~3장일 때 2포기, 4~5장일 때 1포기를 남긴다. 알타리무는 본잎이 2~3장일 때 2~3포기씩 남긴다. 열무는 아주 밀식되어 있는 포기만 몇 개 솎아내고 그대로 재배한다.

거름주기

① 알타리무, 열무는 생육 기간이 짧기 때문에 전량 밑거름으로 넣는다.
② 무, 소형무는 솎아주기할 때 웃거름을 준다.
③ 본잎이 1장 나왔을 때 한 구덩이에서 2~3포기를 남기고 솎아내면서 주위에 복합비료를 한 수저씩 뿌리고 흙에 섞는다.

거름 총량(g/3.3㎡)
- 요소 : 117
- 용과린 : 200
- 염화칼륨 : 77
- 퇴비 : 6,700
- 고토석회 : 333

※ 밑거름으로 복합비료를 주어도 상관없다.

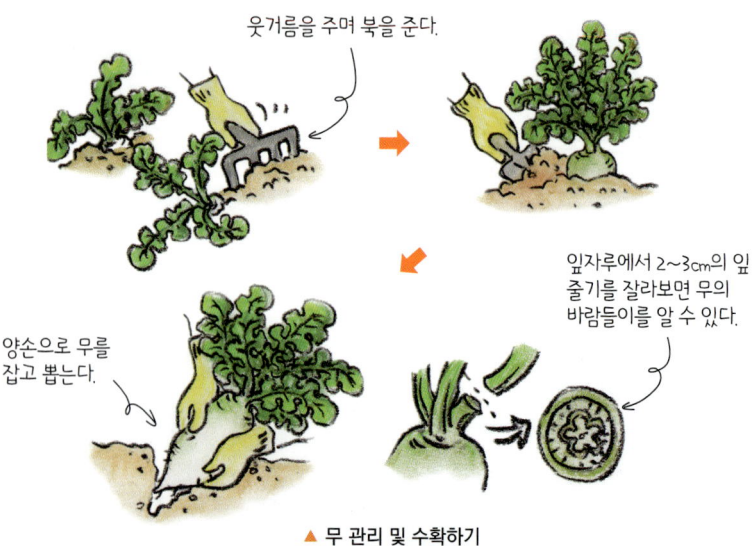

▲ 무 관리 및 수확하기

④ 본잎이 6~7장 나면 한 포기만 남기고 마지막으로 솎아주는데 그때 두둑 한쪽에 포기당 비료를 큰 수저로 하나씩 흩뿌린 후 괭이로 흙과 섞으면서 북주기를 한다.
⑤ 2차 웃거름을 주고 보름 후에 두둑에서 2차 때와는 반대쪽에 같은 양의 비료를 주고 역시 북을 돋워준다.

▲ 20일무 상자 재배하기

재배 포인트

① 재배 적기 : 처음 키우는 사람은 가을에 재배하는 것이 쉽다. 고온을 싫어하므로 여름에 일반 평지에서 재배하면 꽃대가 올라와 잎은 못 쓰게 되고 뿌리의 품질도 나빠진다.

② 재배 장소 : 뿌리는 깊이 뻗는 성질이므로 깊은 재배상자가 좋다.

③ 재배 토양 : 산성토양을 싫어하므로 석회를 섞어 중화시킨 후 재배 용토로 쓴다.

④ 물주기 : 물 빠짐이 좋아야 한다. 무가 한창 자랄 때 흙이 바짝 말라 있다가 갑자기 물이 많아지면 표피가 갈라지는 열근이 생기므로 발아 후 20~25일 사이에 특히 물 관리에 주의한다.

▲ 무꽃

수확

① 수확 시기 : 씨뿌리기 후 90~100일, 소형무는 50~60일 정도면 수확이 가능하다.
② 외관상으로는 위쪽을 향하여 뻗었던 잎이 벌어지고 바깥쪽 잎이 늘어지면 수확기가 된 것이다.
③ 수확이 늦어지면 뿌리에 바람이 들어 맛이 떨어질 수 있다.

▲ 수확한 무

병충해 방제

① 모자이크병 : 진딧물이 전염원이며, 망사를 씌워 재배한다.
② 검은썩음병, 검은무늬병 : 가을 재배 시 발생하기 쉽다. 다이센엠-45를 살포한다.
③ 배추흰나비 : 배추흰나비 등록 약제를 살포한다.
④ 진딧물 : 새잎과 새 줄기에 많이 붙어 해를 끼치는데 진딧물 약제로 방제 가능하다.

무의 영양소 에너지 (100g당 18kcal)

수분 94.3%, 단백질 0.8g, 지질 0.1g, 당질 3.8g, 섬유소 0.6g, 회분 0.4g, 칼슘 26mg, 인 23mg, 철 0.7mg, 나트륨 13mg, 칼륨 213mg, 비타민 A 8R.E, 베타카로틴 46㎍, 비타민 B_1 0.03mg, 비타민 B_2 0.02mg, 나이아신 0.4mg, 비타민 C 15mg

(자료: 농촌진흥청 식품성분표)

10
배추

배추의 원산지는 서아시아로 추정된다. 이후 중국 남부에서 발달한 팍초이(현재의 청경채)와 함께 몽골과 중국 북부를 따라 전파되었고, 속이 꽉 찬 결구배추가 우리나라에 도입된 것은 17세기 이후이다. 여러 겹으로 겹치면서 말려서 둥글게 속이 드는 현상을 결구라고 하는데, 배추의 품종은 결구성에 따라 불결구, 반결구, 결구의 3가지로 나뉜다. 결구종은 다시 결구 형태에 따라 포합형, 포피형, 권심형의 3가지로 나눌 수 있다. 우리나라 배추 품종은 포합형이 많으며, 13세기 이전부터 불결구형 품종이 재배된 것으로 알려져 있다. 결구형 품종은 1900년대에 들어서야 재배되기 시작했고, 해방 이전에는 주로 반결구성인 개성배추와 경성(서울)배추가 재배

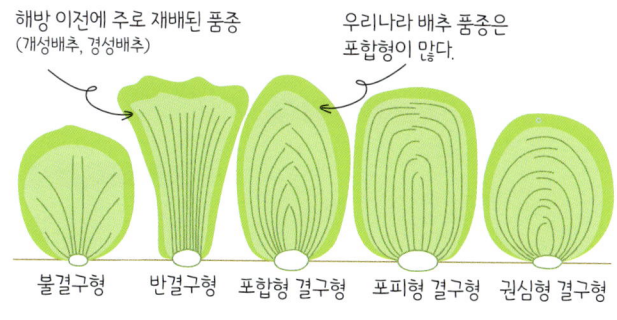

▲ 배추의 결구 형태

되었다고 한다. 현재 종묘회사를 통해 보급되고 있는 품종들은 대부분 결구성이다.

【배추의 종류】

종류	설명
봄배추	추대가 늦게 되는 성질이면서 병에 강하고, 석회와 붕소 결핍증에 강한 품종을 선택한다.
엇갈이 배추	얼갈이배추라고도 한다. 고온에서 잎의 분화가 빠르고 탄력성이 있어 잘 부서지지 않으며 더위와 습기, 병에 강한 품종을 선택한다. ① 봄배추 : 노랑봄배추, 여름대형가락배추, 햇봄배추, 명가봄배추, 매력배추, 청송봄배추, 동해봄배추 ② 가을배추 : 노랑김장배추, 가락신1호배추, 금빛배추, 맛나배추, 샛노랑배추, 귀공자배추, 청원1호배추, 황제배추, 계통배추

배추

얼갈이배추

일반적인 재배력

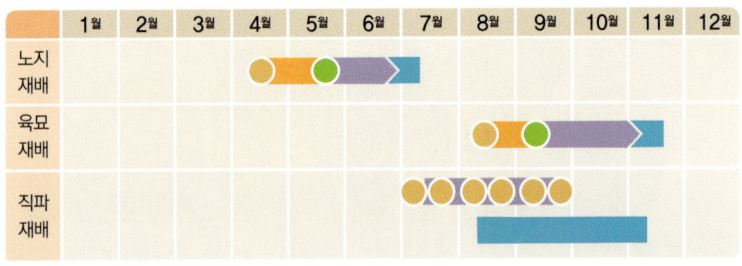

밭 만들기

① 토양 조건 : 보수력이 좋고 배수가 잘 되는 토양이 좋다. 비교적 햇볕이 약해도 잘 견딘다.
② 이랑을 만들기 전에 퇴비와 비료를 밑거름으로 넣는다.
③ 아주심기 전에 구덩이를 파고 미리 물을 흠뻑 주면 초기 생육이 좋아진다.
④ 가능한 한 배추를 심지 않았던 밭을 선택한다.

이랑 만들기

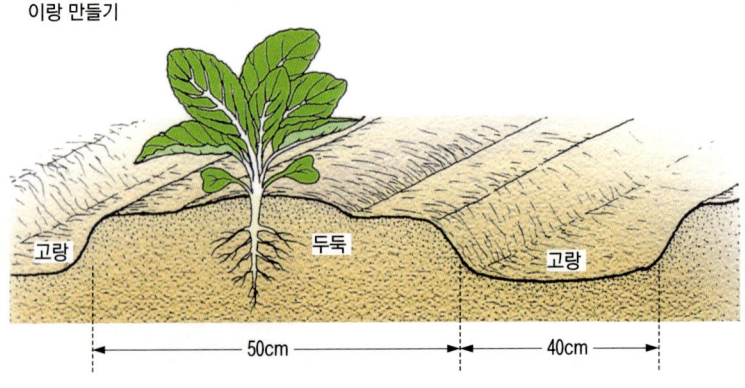

아주심기

① 본잎이 5~6장인 것을 포기 간격 35㎝ 정도로 심는다.
② 적정 시기 : 더운 때이므로 흐린 날 오후에 심는 것이 좋으며, 9월 초까지는 심어야 한다.
③ 모종 고르기 : 모종을 구입해 심는 것이 좋은데, 뿌리가 잘 발달해 잔뿌리가 많고 빽빽한 것, 노화되지 않고 병해충 피해가 없는 것을 선택하면 된다.
④ 심은 후에 포기 밑동의 뿌리가 나온 부분은 흙을 잘 모아 덮어주고, 위쪽의 잎이 붙은 부분만 지면 위로 나오도록 한다. 얕게 심으면 바람에 흔들려 부러지는 경우가 있다.

거름주기

① 배추는 초기 생육이 왕성해야 후기 결구가 좋으므로 밑거름에 중점을 두어 퇴비, 닭똥 등의 유기질비료를 충분히 사용해야 한다.
② 아주심기 후에도 15일 간격으로 3~4회 웃거름을 주어야 잘 자란다.

거름 총량(g/3.3㎡)
- 요소 : 143~190
- 용과린 : 200~333
- 염화칼륨 : 110~167
- 퇴비 : 6,700
- 고토석회 : 333
- 붕사 : 3.3

※ 밑거름으로 복합비료를 주어도 상관없다.

재배 포인트

① 충분한 물 공급 : 배추는 90~95%가 수분으로 구성된 작물로 짧은 기간에 왕성하게 발육하므로 물을 충분히 주어야 정상적인 생육이 가능하다. 특히 결구*가 시작되는 때에는 하루에 밭 10㎡당 2kg

결구
온도는 15~16℃가 적당하며, 결구기에는 방충해에 신경써야 한다.

이상 무게가 증가하므로 물도 2L 이상 필요하다.

② 토양 상태 : 토양이 건조하면 석회결핍증 등이 많이 발생하고 작물의 크기가 작아지므로 건조하지 않도록 관리해야 하지만, 너무 습해도 연부병, 뿌리마름병 같은 병이 생기므로 주의해야 한다. 수확기 때 과습하면 밑동썩음병이 생기기도 한다.

> 배추는 비교적 비료를 많이 흡수하며 특히 질소, 칼륨과 석회를 많이 주어야 한다.

배추는 90~95%가 수분으로 구성된 작물로 물을 충분히 주어야 한다.

수확

① 재배 시기 : 배추는 봄에 재배할 경우 병이 많이 생기고 꽃대가 올라오기 쉬우므로 되도록 가을에 재배하는 것이 좋다.

② 봄 재배는 씨뿌리기 후 65일 정도, 가을 재배는 씨뿌리기 후 90~100일이면 수확이 가능하다. 결구된 위쪽을 눌렀을 때 단단해졌으면 적기이다.

③ 가을배추는 11~12월에 수확할 경우 기온이 0°C 전후로 급격히 떨어지므로 서리에 대비해 겉잎을 싸서 끈으로 묶어두는 것이 좋다.

④ 얼갈이배추는 씨뿌리기 후 60일(한여름에는 50일) 정도면 수확할 수 있다.

배추 머리를 손바닥으로 눌러보고, 단단함이 느껴질 정도면 수확한다.

겉잎째 묶어 서리를 맞지 않게 하면 늦게까지 수확할 수 있다.

▲ 수확과 묶기

병충해 방제

① 모자이크병 : 진딧물에 의해 전염되므로 한랭사 등의 망사를 쳐서 예방한다.
② 무름병 : 병에 강한 품종을 선택해 돌려짓기 한다.
③ 배추흰나비 : 배추흰나비 등록 약제를 살포한다.
④ 진딧물 : 새잎과 새 줄기에 많이 붙어 해를 끼치는데 진딧물 약제로 방제 가능하다.

배추의 영양소 에너지 (100g당 13kcal)

수분 94.3%, 단백질 1.3g, 지질 0.2g, 당질 2.4g, 섬유소 0.7g, 회분 0.6g, 칼슘 51mg, 인 29mg, 철 0.3mg, 나트륨 5mg, 칼륨 230mg, 비타민 A 9R.E, 베타카로틴 56μg, 비타민 B_1 0.05mg, 비타민 B_2 0.06mg, 나이아신 0.3mg, 비타민 C 46mg   (자료: 농촌진흥청 식품성분표)

11 부추

부추는 백합과에 속하는 여러해살이식물로 지역에 따라 정구지, 솔 등으로 불린다. 중국 동북부가 원산지로 오래전부터 약용과 식용으로 이용되어왔다. 생육에 적당한 온도는 18~20℃로 저온과 고온에 모두 강한 편이지만 너무 강한 광선을 쬐면 품질이 떨어지게 된다. 부추는 다른 잎채소와는 달리 물을 그다지 좋아하지 않는다. 햇빛이 잘 드는 곳, 건조한 흙만 있다면 쉽게 키울 수 있다. 모종을 사서 이랑을 깊게 판 후 아주심기한다.

부추는 솎는 작업 대신 지나치게 무성해지지 않도록 포기나누기 작업을 해준다. 잎이 20cm가량 자라면 밑동에서부터 잘라 먹는다. 다년생이기 때문에 한 번 심으면

3~4년 동안 수확할 수 있다. 봄, 가을에는 20일 정도면 다시 자라 다음 번 수확이 가능하다. 일반적인 재래종 부추부터 잎의 폭, 잎의 두께, 향기 등을 개량한 다양한 품종들이 나와 있다. 비교적 재배가 용이하며 분얼*력이 왕성하고 수량이 많은 우량종을 선택하는 것이 좋다.

> **분얼**
> 뿌리에 가까운 줄기의 마디에서 가지가 갈라져 나오는 것

【부추의 종류】

종류	설명
그린벨트	생육이 왕성하고 연해 품질이 좋고 노지 여름 생산에 적합하다.
소엽부추	잎이 좁은 편이나 분얼력이 왕성해 수량이 비교적 많다. 추위와 더위에 모두 강해 비교적 재배가 용이하다.
참피언 그린벨트	잎이 매우 부드럽고 섬유질이 적으며 단맛이 많다.

일반적인 재배력

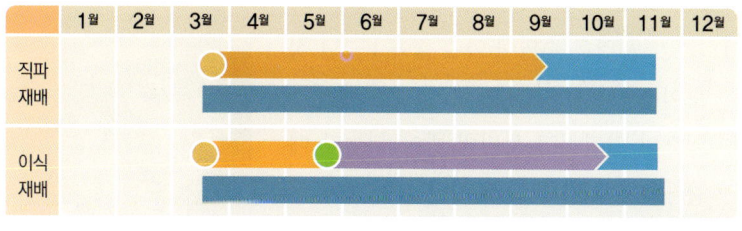

밭 만들기

① 토양 조건 : 부추는 토양 적응성이 넓고 토질을 가리지 않는 편으로 건조에 강하고 습기에 약하다. 토양 산도는 pH6.0~7.0 정도의 중성에서 잘 자란다.

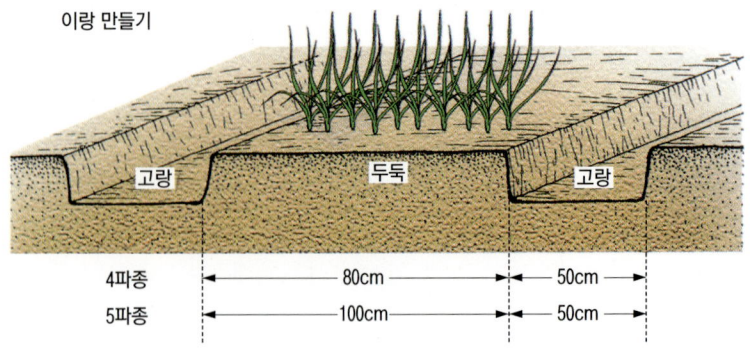

이랑 만들기

| 고랑 | 두둑 | 고랑 |

4파종 ⟵80cm⟶ ⟵50cm⟶
5파종 ⟵100cm⟶ ⟵50cm⟶

② **땅고르기** : 씨뿌리기 20일 전에 깊이갈이하고, 10일 전에 퇴비와 비료를 밑거름으로 넣고 땅고르기한다.

③ **이랑 만들기** : 이랑은 재배 형태에 따라서 두둑과 고랑 폭을 결정하는데, 물 빠짐이 좋은 땅은 5줄 재배하고 물 빠짐이 안 좋은 땅은 4줄 재배한다.

씨뿌리기

① **씨앗** : 씨앗은 수명이 아주 짧아 1~2년 정도이다. 껍질이 얇고 쭈글쭈글한 무늬가 있으며 단단하고 두터워 발아가 늦기 때문에 씨뿌리기 전에 20시간 정도 물에 담가두었다가 그늘에서 약간 말린 후 뿌리면 좋다.

② **씨뿌리기** : 포기 사이를 20~30㎝ 간격으로 직파하고 다소 촘촘하게 뿌린 후 고운 모래를 0.3~0.5㎝로 균일하게 덮어준다.

▲ 부추 씨앗

▲ 부추밭

▲ 부추꽃

③ 물주기 : 건조해지지 않도록 짚을 1㎝ 두께로 깔아주고 3.3㎡당 5L 정도 물을 준 뒤 비닐로 덮는다. 발아 후 볏짚과 비닐은 제거한다.
④ 영양번식과 종자번식 모두 용이하다.

일반 관리

① 흙덮기 : 부추는 뿌리줄기가 매년 위로 올라오므로 뿌리줄기가 지면에 드러나는 것을 방지하기 위해 2~3㎝ 정도 흙덮기를 해준다.
② 개화 : 8월이 되면 꽃이 피는데, 전 포기 일제히 피지는 않는다. 한 번 수확한 뒤 늦게 나오는 포기도 많이 있으므로 7~10일 간격으로 꽃대를 따주면 된다.
③ 물주기 : 일주일에 한 번 정도씩 땅속 깊이 스며들 정도로 충분히 물을 준다. 날씨가 추워지는 11월 초부터 지상부의 잎은 말라 시들고 휴면기에 들어간다. 이때 땅이 얼기 전 충분히 물을 주면 뿌리줄기가 안전하게 월동해 이듬해 싹이 빨리 튼다.
④ 김매기 : 봄이 되면 잡초를 제거해 지온을 높이고 표토를 부드럽게 해 새싹이 올라오도록 해야 한다.

연화재배

① 하절기에는 50% 차광이 가장 좋다.
② 북주기 : 지면에서 5㎝ 정도의 높이로 톱밥, 모래, 왕겨 등으로 북주기를 하여 햇빛을 차단하면 잎의 아래쪽이 희게 자라며 연화되어 부추의 질을 높일 수 있다.

거름주기

① 거름 : 부추는 생육 기간이 길고 거름이 많이 필요한 다비성 작물이므로 효력이 천천히 나타나는 완효성 퇴비를 넉넉히 준다.
② 웃거름 : 웃거름은 저온기를 제외하고 언제든지 줄 수 있지만, 1년에 2회 생육이 왕성한 봄과 가을에 주는 것이 좋다.
③ 사이갈이 : 이랑에 웃거름을 준 뒤에는 반드시 김을 매 흙을 부드럽게 만들어주는 사이갈이를 해 거름이 직접 노출되지 않도록 하는 것이 중요하다.

거름 총량(g/3.3㎡)
- 요소 : 174
- 용과린 : 400
- 염화칼륨 : 111
- 퇴비 : 13,000
- 석회 : 330

※ 밑거름으로 복합비료를 주어도 상관없다.

수확

① 수확 시기 : 부추의 잎끝이 둥글게 자라고 전체 잎의 80% 정도가 23~25㎝ 길이로 자라면 수확한다.
② 수확 횟수 : 봄에는 2~3회, 가을은 1~2회가 가장 좋다.
③ 절단 방법 : 첫 수확 시 3~4㎝ 높이에서 자르고, 그 후에는 첫 수확 절단 부위에서 1~1.5㎝ 이상 남기고 수확한다. 그래야 재생력이 왕성해져 다음 수확 시기가 빠르다.

◀ 수확한 부추

병충해 방제

① 잿빛곰팡이병 : 잎에 발생하며 4~5월부터 생기기 시작해 6~8월 우기에 심해진다. 잎 주위는 홍갈색, 중앙은 회백색의 병반을 나타내며 후에는 잎 표면에 회색의 곰팡이가 빽빽이 난다. 토양이 너무 과습하지 않도록 관리해주고, 스미렉스, 유파렌 600배액으로 방제한다.

② 뿌리응애 : 부추의 뿌리 부분에 기생해 포기를 고사시킨다. 다이아지논 입제, 모캡 입제, 오트란 입제 같은 토양 침투성 살충제를 처리한다.

③ 파좀나방 : 여름에 발생해 주로 부추의 새잎을 갉아 먹으므로 피해가 대단히 크다. 될 수 있으면 발생 즉시 방제하도록 하며 7~9월에 2회 정도 살충제를 살포해준다.

부추의 영양소 에너지 (100g당 23kcal)

수분 92.5%, 단백질 2.9g, 지질 0.5g, 당질 2.8g, 섬유소 1.1g, 회분 1.3g, 칼슘 47mg, 인 34mg, 철 2.1mg, 나트륨 5mg, 칼륨 446mg, 비타민 A 516R.E, 베타카로틴 3.094㎍, 비타민 B₁ 0.11mg, 비타민 B₂ 0.18mg, 나이아신 0.8mg, 비타민 C 37mg

(자료: 농촌진흥청 식품성분표)

12 상추

국화과에 속하는 상추는 재배 역사가 길고 자가수정에 의해 대부분의 품종이 유지되기 쉽기 때문에 많은 변종이 개발되어 있다. 봄 품종, 여름철 꽃대가 늦게 올라오는 만추대 품종, 가을에 재배하는 품종 등 다양하다. 모종으로 심거나 씨앗을 사서 직파재배한다. 봄가을 재배 품종에는 적축면, 적치마가 있고, 여름 재배 품종에는 청치마가 있다. 적축면상추는 상추 포기가 완전 결구 상태는 아니고, 결구 태세를 갖춘 형태로 수확을 하는 상추이지만 잎 따기 수확을 해도 무방하다. 치마상추는 잎 따기 전용 상추로 수량이 비교적 많고 꽃대도 늦게 올라온다. 치마상추에는 청치마와 적치마 계통이 있는데 청치마가 수량이 많고 꽃대도 늦게 올라온다.

【상추의 종류】

종류	설명
셀러리상추	잎은 수저 모양이고 가운데가 크며 백록색이다. 잎의 질은 연하고 품질이 좋아 생식에 적당하다.
줄기상추	두터운 줄기를 식용으로 하는데 잎은 길고 담록 또는 갈색을 띤다. 줄기가 30~100㎝ 이상 자라고 지름은 4㎝ 이상 굵어진다. 줄기가 자람에 따라 잎을 이용하거나 줄기를 데치거나 절이거나 생식으로 먹는다. 잎은 폭이 좁고 긴 타원형으로 마주난다.
잎상추	우리나라에서 가장 흔한 품종으로 결구하지 않으며 잎의 가장자리가 오글오글하다. 적색계와 녹색계가 있다.
결구상추	통상추라고도 하며 잎상추에 비해 생육 기간이 길다. 저온에 견디는 힘이 약해 잎상추에 비해 재배 시기와 지역에 제약이 있다.

일반적인 재배력

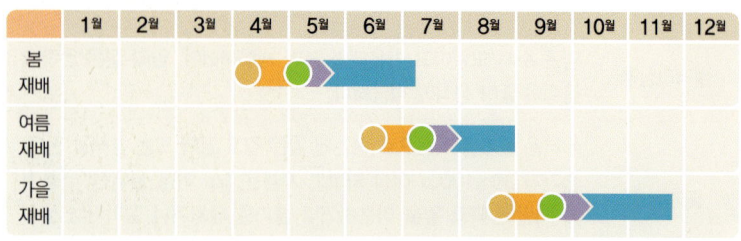

밭 만들기

① 토양 조건 : 유기질이 풍부한 사질양토가 적합하다. 토양 산도는 pH6.0 정도의 약산성 또는 중성이 좋다.
② 이랑을 만들기 전에 퇴비와 비료를 밑거름으로 넣는다.
③ 물 빠짐이 좋은 땅은 두둑을 따라서 열을 지어 심고 물 빠짐이 안 좋은 땅은 고랑 쪽으로 열을 지어 배수가 잘 되게 심는다.

이랑 만들기

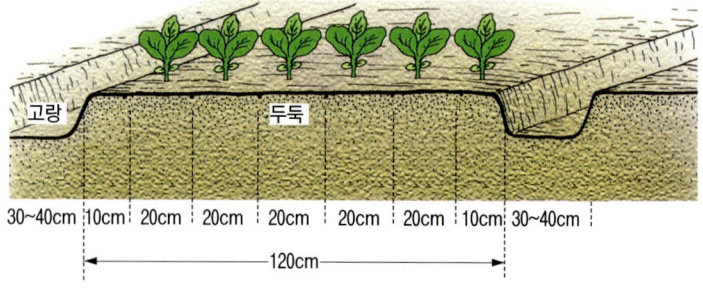

씨뿌리기와 아주심기

① 씨앗 : 씨뿌리기 전에 씨앗을 3~4시간 정도 물에 담가 바닥에 가라앉은 씨앗만 고른다.

② 발아 적정 온도 : 땅 온도가 20℃ 이상 되어야 발아가 잘 된다. 더 낮은 온도에서는 발아가 늦어지며 30℃ 이상의 고온에서는 발아율이 떨어진다.

③ 씨뿌리기 간격 : 골 간격은 20㎝ 정도로 하고 씨앗을 뿌린 다음에는 0.5㎝ 이하로 흙을 살짝만 덮어준다.

④ 솎아주기 : 씨뿌리기 후 7일 정도면 싹이 트는데 본잎이 1~2장일 때 5㎝ 간격으로, 본잎이 3~4장일 때 10㎝간격으로 솎아준다.

⑤ 모종 심기 : 모종으로 심을 때는 본잎이 4장 내외일 때 아주심기해야 잘 자란다.

⑥ 포기 간격 : 포기 사이는 25㎝ 정도로 하고 심기 전에 모종에 물을 충분히 주어 뿌리에 흙이 많이 붙어 있는 상태로 심는 것이 좋다.

거름주기

① 상추는 생육 기간이 짧고 뿌리도 잘 발달하지 않으므로 밑거름 위주로 주되 질소비료가 중심이 되어야 한다.

② 밑거름은 심기 일주일 전에 준다.

③ 유기질비료와 인산비료는 모두 밑거름으로 준다.

④ 질소비료와 칼륨비료는 절반을 웃거름으로 사용한다. 웃거름은 심고 나서 15~20일 간격으로 포기 사이에 흙을 파서 준다.

거름 총량(g/3.3㎡)
- 요소 : 100~200
- 석회 : 500
- 퇴비 : 10,000
- 염화칼륨 : 140~170

재배 포인트

① 생육적온 : 생육적온은 15~20℃로 이보다 온도가 높아지면 꽃눈이 생겨 잎의 생장에 지장을 받고, 쓴맛이 증가하며, 생리적인 장해가 나타나고, 병이 많이 생기므로 주의해야 한다.

▲ 상추꽃

② 여름철 더위에 약할 뿐 키우기는 가장 쉬운 채소다. 마르지 않게 물 관리만 잘 해주고 잘 솎아가면서 키우면 포기 간격을 일정하게 맞추어 키울 수 있다.

③ 모종을 구입해 옮겨 심으면 일주일만 지나도 아래쪽부터 잎을 따 먹을 수 있다.

▲ 상추 꽃대

▲ 상추 씨앗이 달린 모습

수확

① 축면상추 : 축면상추는 포기 수확과 잎 따기 수확이 가능하므로 여건에 맞추어 하되 포기 수확 때는 속잎을 많이 확보해 수확하도록 한다.

② 치마상추 : 치마상추는 잎 따기를 하는데 본잎이 8~10장 되면 생장점 쪽에 완전히 전개된 잎 1~2장 정도를 남기고 아랫잎부터 수확한다.

▲ 수확한 상추

병충해 방제

① 밑동썩음병 : 5~6월에 기온이 많이 올라가면 발생한다. 땅에 닿는 부분에 커다란 갈색 무늬가 생기고 나중에 썩어 말라 죽는다. 이어짓기를 피해 예방한다. 약제 방제법은 없다.

② 세균성점무늬병 : 물 빠짐이 나쁘고 습도가 높을 때 발생한다. 잎 가장자리에 작은 병 무늬가 발생하며 점차 커져서 흑갈색으로 번져 말라 죽는다. 반점세균병 약으로 방제가 가능하다.

상추의 영양소 에너지 (100g당 18kcal)

수분 93%, 단백질 1.2g, 지질 0.3g, 당질 3.5g, 섬유소 0.8g, 회분 1.2g, 칼슘 56mg, 인 36mg, 철 2.1mg, 나트륨 5mg, 칼륨 238mg, 비타민 A 365R.E, 베타카로틴 2191μg, 비타민 B_1 0.07mg, 비타민 B_2 0.08mg, 나이아신 0.4mg, 비타민 C 19mg

(자료: 농촌진흥청 식품성분표)

13
생강

생강은 생강과에 속하는 아열대성 다년생 초본식물이지만 우리나라에서는 겨울 추위에 고사하기 때문에 1년생 초본식물로 자란다. 품종 육성이 미흡하여 거의 분화되어 있지 않고 덩이줄기의 크기에 따라 소생강, 중생강, 대생강으로 나뉜다. 대생강은 열대 지방에서만 재배되고 국내에서는 분얼이 많은 소생강과 중생강의 재래종이 재배되고 있다. 15℃ 이하에서는 생육이 어렵고, 이어짓기를 하면 뿌리썩음병이 심하게 나타날 수 있다. 4월 중하순부터 5월 상순까지 씨를 뿌려 8~10월에 수확한다. 생육 초기에는 반양음지(하루 중 일조 시간이 한나절밖에 되지 않는 그늘진 곳)에서 발육이 좋으므로 보리밭 등의 이랑 사이에 씨뿌리기하면 건조의 피해도 막을 수 있어 좋다.

1년생 초본식물로 4월 중하순부터 5월 상순까지 씨를 뿌려 8~10월에 수확한다.

◀ 생강밭

일반적인 재배력

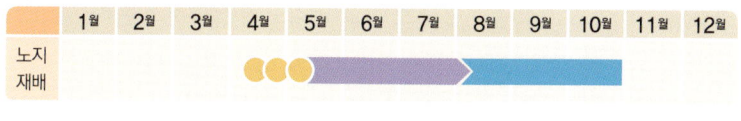

● 씨뿌리기 ■ 생육기 ■ 수확

밭 만들기

① **토양 조건** : 토양 적응성이 좋아 전역에서 재배할 수 있지만 비옥하고 배수가 잘 되는 양토나 사양토가 알맞다. 토양 산도 pH6.0 정도의 약산성토양에서 잘 자란다.

② **밭 갈기** : 밭을 20㎝ 정도 깊이로 갈아준 다음 아주심기 10일 전에 심는 골을 만들고 밑거름을 준 후 흙을 덮어 비료가 식섭 생깅의 뿌리에 닿지 않도록 한다.

③ **이랑 만들기** : 두둑 너비는 130~150㎝로 하고, 포기 사이는 45㎝ 간격으로 해 2줄로 심는다.

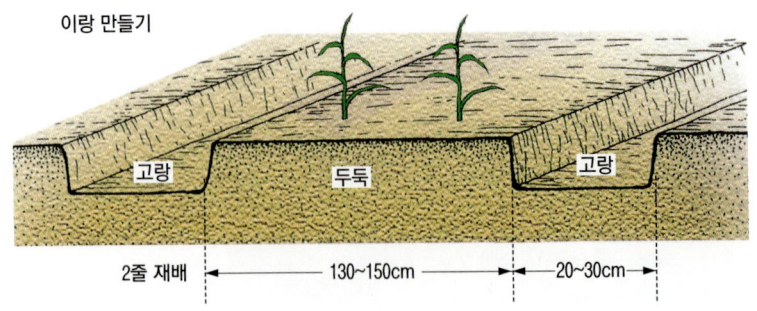

이랑 만들기

씨생강 준비하기

① 외관이 싱싱하고 터짐이 없으며 육색이 선홍색인 것을 선택해야 한다.
② 20g 정도의 크기로 눈이 2~3개 정도 달리도록 잘라서 심는다.
③ 싹을 틔우지 않고 심으면 발아까지 1개월 정도 걸리므로 따뜻한 온상에 씨생강을 잘 펴놓고 물을 충분히 준 후 흙을 덮고 가마니나 비닐을 덮어두면 2주일 후에 싹이 나온다.

아주심기

① 심기 전 3~4일 햇볕을 쬐면 발아 촉진 효과가 있다.
② 한 구덩이에 2~3편의 생강을 심고 얇게 흙덮기한 다음 짚이나 왕겨로 덮어 건조를 막아준다.

일반 관리

① 6~7월 초에 김을 맬 때 웃거름을 주고 북을 준다. 이때 장마철에 토양이 과습하지 않도록 관리한다.
② 건조에 약하므로 7~8월 고온기에는 이랑 사이에 볏짚이나 풀 같은 것을 깔아주며 김매기를 중지하고 물주기를 한다.

③ 생강은 줄기가 어느 정도 무성해지기까지 2개월 이상 소요되므로 그 사이에 잡초가 생기는 것을 방지하기 위해 씨뿌리기 후에는 토지 전면에 볏짚을 깔아준다.
④ 천근성(얕은 뿌리) 채소여서 뿌리가 약하므로 건조할 때는 저녁에 물을 준다.

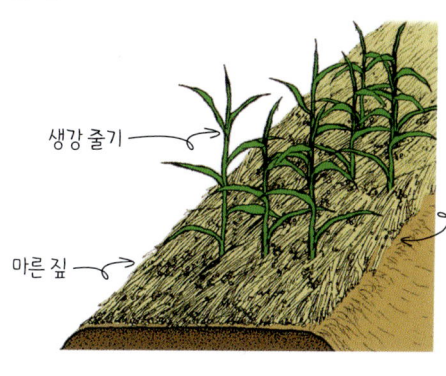

◀ 마른 짚 덮어주기

거름주기

재배 기간이 길어 질소비료는 유실되기 쉽고, 일시에 비료를 많이 주면 생강의 생육에 해롭기 때문에 유기질 퇴비를 많이 사용하는 것이 좋다.

거름 총량(g/3.3㎡)
· 요소 : 160~190
· 용과린 : 140~160
· 염화칼륨 : 35~45
· 퇴비 : 8,600
· 석회 : 800~900

※ 밑거름으로 복합비료를 주어도 상관없다.

수확과 저장

① 보통 재배에서 8~9월에 수확하는 것은 잎생강이고 9~10월부터는 뿌리로 수확한다.
② 씨앗용 생강은 서리가 내리기 전에 수확해서 줄기 잎을 제거해 저장한다.

◀ 수확한 생강

③ 저장 적온은 13~16℃이고, 18℃ 이상이 오랫동안 지속되면 싹이 나며, 10℃ 이하에서는 부패한다.
④ 수확 시 상처는 부패의 원인이 되므로 수확 후에는 온도 30~33℃, 습도 90% 이상에서 7~8일간 상처가 아물도록 큐어링시킨 다음 저장한다.

병충해 방제

① **뿌리썩음병** : 발병 우려가 있는 밭에서는 씨뿌리기 전에 석회를 3.3㎡당 330~670㎏ 사용하고, 다조메 분제로 토양을 소독한다.
② **백색병** : 퇴비를 충분히 주고 비료가 부족하지 않도록 관리한다. 발병하면 4-4식 석회보르도액에 전착제를 첨가해서 뿌려준다.
③ **잎마름병** : 배수가 불량한 곳은 배수가 잘 되도록 해주고, 밭을 만들 때 퇴비를 충분히 주고 비료가 부족하지 않도록 추가로 관리해준다.

생강의 영양소 에너지 (100g당 53kcal)

수분 83.3%, 단백질 1.5g, 지질 0.2g, 당질 12.3g, 섬유소 1.6g, 회분 1.1g, 칼슘 13㎎, 인 28㎎, 철 0.8㎎, 나트륨 3㎎, 칼륨 344㎎, 비타민 B_1 0.03㎎, 비타민 B_2 0.04㎎, 나이아신 1㎎, 비타민 C 5㎎

(자료: 농촌진흥청 식품성분표)

14 시금치

시금치는 명아주과로 외국에서는 많은 품종이 보급되어 있으나 우리나라는 아직도 재래종을 많이 재배한다. 각종 비타민(A, B_1, B_2, C)과 철분, 칼슘 등이 다른 채소보다 풍부한 알칼리성 채소다. 식물성 섬유질이 풍부하여 변비에 효과적이며 빈혈증, 신장병, 그리고 어린이들의 골반 발육에 효과가 좋으며 여성 미용에도 좋아 연중 소비되고 있다. 추위에 잘 견디고 서늘한 기후를 좋아하는 반면 더위에 약하다. 다양한 품종들이 시판되고 있으므로 재배 작형과 재배 환경, 용도에 따라 선택하여 재배한다. 뿌리가 적색이고, 잎이 길고 넓으며 잎 수가 많은 것, 잎살이 두껍고 잎 색이 선명한 녹색인 것, 입성(立性)이며 추대가 늦은 품종이 좋다.

계절	종류
봄 재배용	노벨, 파이오니아, 입추가락, 킹오브덴마크, 뮌스터랜드
여름 재배용	애트리스, 환립동해, 우성, 삼복상록, 재래종, 킹오브덴마크
가을 재배용	입추가락, 우성, 풍성, 차랑환, 원스터랜드, 재래종

일반적인 재배력

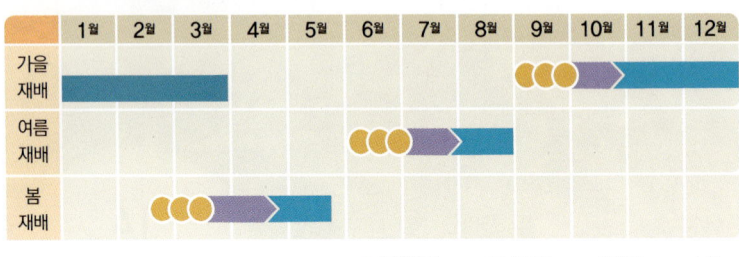

밭 만들기

① **토양 조건** : 시금치는 토심이 깊고 물 빠짐이 좋은 사질토나 점토질 토양에서 잘 자란다. 토양 산도는 pH7~8 정도의 중성 내지 약알칼리성을 좋아하는데, 산성토양에서는 발아가 나쁘고 잎 끝과 잎 주변부, 뿌리가 황갈색으로 변한다. 또 pH5.5 이하에서는 아예 잎 끝이 누렇게 변하면서 생장이 멎고 결국은 말라 죽게 된다.

② 이랑을 만들기 전에 퇴비와 비료를 밑거름으로 넣는다.

▲ 시금치밭

이랑 만들기

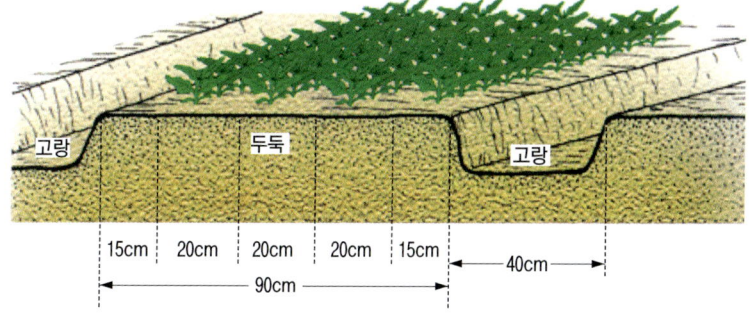

③ 이랑 만들기 : 물 빠짐이 좋은 땅은 5줄 재배하고 물 빠짐이 안 좋은 땅은 4줄 재배한다. 두둑에 비닐을 씌우면 지온이 높아져 생육이 빠르고 잡초가 생기는 것을 방지할 수 있다.

씨뿌리기

① 씨뿌리기 적기 : 9월 상순에서 10월 중순 사이고, 이르게 뿌리면 30일 이후에 수확할 수 있지만 늦게 뿌리면 수확까지 120일 이상 걸릴 수도 있다. 봄에는 3월에서 5월까지 하면 된다.

② 시금치 씨앗은 껍질이 두껍기 때문에 24시간 물에 담갔다가 뿌리는 것이 좋지만 최근 개량 품종들은 바로 뿌려도 무방하다. 약간 촘촘하게 심는 것이 어릴 때의 생육에 좋다.

▲ 약품처리된 시금치 씨앗

③ **재배상자 씨뿌리기** : 재배상자에서는 씨를 뿌린 후에 체를 이용해 고운 흙을 0.1㎝ 정도 덮어준다.

④ **밭 씨뿌리기** : 밭에 뿌릴 경우에는 10㎡에 150~180mL 정도의 씨앗이 필요하다. 줄뿌림의 경우 자리를 파고 씨를 뿌린 후에 흙을 덮어주거나, 전 이랑에 흩뿌리고 갈퀴나 호미로 씨 뿌린 이랑 위를 긁어서 씨를 살짝 덮어준다.

⑤ **발아 온도** : 적정 발아 온도는 15~20℃로 다른 작물에 비해 낮은 편이고 4일 정도 걸리며, 이보다 온도가 높으면 발아율도 떨어지고 싹트는 데 더 오래 걸린다.

⑥ **씨뿌리기 후 관리** : 씨를 뿌린 후에는 물을 충분히 주고 마르지 않도록 신문지로 덮는 등 주의해야 한다.

▲ 재배상자에 시금치 씨뿌리기

재배 포인트

① 대표적인 장일(長日)식물로서 햇빛이 길어짐에 따라 꽃대가 빨리 생긴다. 발아 후에는 건조하지 않도록 주의하여야 한다.
② 어릴 때에는 오히려 촘촘하게 자라는 것이 발육에 좋고 자람에 따라 솎아준다. 아주 촘촘하게 심은 경우에는 싹이 튼 후 일주일쯤 지나 본잎이 1~2장 나오면 약간 솎아주고, 2주일쯤 지나면 포기 사이가 4~5㎝ 간격이 되도록 솎아준다. 본잎이 6~7장 정도 자랐을 때 너무 촘촘히 심어 있으면 품질이 나빠지므로 크게 자란 것부터 솎아내 먹으면 된다.

▲ 시금치 잘 키우는 요령

③ 처음 키우는 사람은 가을에 재배하는 것이 쉽다. 저온에는 강한 편이지만 12월까지 재배하고자 한다.면 방한용으로 비닐을 씌워서 관리하는 것이 좋다.

④ 고온을 싫어하므로 여름에 일반 평지에서 재배하면 꽃대가 올라와버려 잎은 못 쓰게 된다. 뿌리는 깊이 뻗는다.

거름주기

① 밑거름은 심기 일주일 전에 준다. 유기질비료와 인산비료는 모두 밑거름으로 준다.

② 질소비료와 칼륨비료는 절반을 웃거름으로 사용한다.

③ 짧은 기간에 급속히 발육하므로 밑거름에 중점을 두고 시비하되 웃거름도 작형에 따라 1~3회 정도 준다.

거름 총량(g/3.3㎡)
- 요소 : 180
- 용과린 : 100
- 염화칼륨 : 66
- 퇴비 : 6,700
- 석회 : 330

수확

① 수확 시기 : 대개 높이 20㎝ 정도로 자라면 수확 적기다.

② 씨뿌리기~수확 기간 : 가을에는 50~60일 정도, 여름에는 30~35일 정도, 봄에는 40일 정도 된다.

수확기가 늦어지면 줄기의 마디 사이가 길어지고 잎자루가 굳어져서 상품 가치가 떨어진다.

▲ 수확한 시금치

병충해 방제

① 모잘록 : 어린 묘일 때 주로 발생하며, 특히 고온일 때 많이 생긴다. 뿌리의 일부가 갈색으로 변하고, 증상이 심해지면 병든 부위가 잘록하게 되어 식물체가 넘어진다. 토양이 너무 습하지 않도록 관리하고, 벤레이트 등으로 씨앗을 소독하거나 친환경 토양용 입제 등으로 씨뿌리기 전 토양을 소독한다.

② 응애 : 잎 뒷면에 기생하여 흡즙하는데 엽록소를 파괴해 가해 부분을 하얗게 백화시킨다. 본잎이 2~3장일 때 밀베멕틴 유제 1,000배액을 살포해 방제 가능하다.

③ 도둑나방 : 봄이나 가을에 많이 발생한다. 유충이 잎에 해를 끼치는데 애벌레 때 구제하지 않으면 큰 효과가 없기 때문에 발생 초기에 엘산 1,000배액을 살포한다.

시금치의 영양소 에너지 (100g당 27kcal)

수분 90.4%, 단백질 2.8g, 지질 0.4g, 당질 4.7g, 섬유소 0.6g, 회분 1.1g, 칼슘 43mg, 인 48mg, 철 2.5mg, 나트륨 72mg, 칼륨 595mg, 비타민 A 477R.E, 베타카로틴 2860㎍, 비타민 B_1 0.12mg, 비타민 B_2 0.28mg, 나이아신 0.5mg, 비타민 C 66mg

(자료: 농촌진흥청 식품성분표)

15 양배추

우리나라에서 양배추를 본격적으로 재배한 것은 1950년대부터다. 발아에는 15~30℃, 생육에는 15~20℃가 적당하고, 4℃ 이하, 35℃ 이상에서는 생육에 장애가 생긴다. 토양은 가리지 않는 편이나 유기질이 풍부하고 보수력이 좋은 토양에서 잘 자란다. 품종은 크게 일반 양배추와 적색 양배추로 나눌 수 있으며, 품종에 따라 재배 시기가 다르므로 품종 선택 시 유의한다.

▲ 적색 양배추

【양배추의 종류】

구분	종류
일반 양배추	CM, 양춘, 하파2월확, 사계확, 대공, 히카리, 볼해트, 청공, 우치1호, 추덕, 조추, YR호월, 추강, 춘히카리, 춘풍2호, 추파중조생, 추파조생
적색 양배추	루비볼, 중생 루비볼, 레드에카

일반적인 재배력

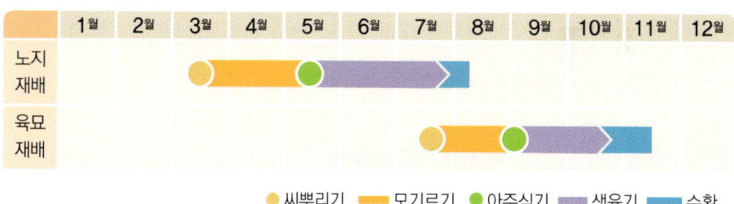

● 씨뿌리기　━ 모기르기　● 아주심기　━ 생육기　━ 수확

밭 만들기

① **토양 조건** : 토양을 많이 가리지는 않지만 유기질이 풍부하고 보수력이 좋은 흙이 좋다.
② 이랑을 만들기 전에 퇴비와 비료를 밑거름으로 넣는다.

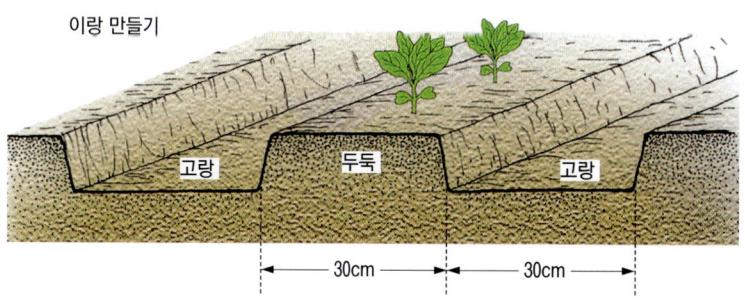

이랑 만들기

③ 이랑 만들기 : 재배 형태에 따라서 두둑과 고랑 폭을 결정해 만들고, 아주심기 전에 모종 심을 구덩이를 파고 미리 물을 흠뻑 주면 초기 생육이 좋아진다.

아주심기

① 씨를 뿌린 후 35~40일, 본잎이 4~5장 되었을 때 뿌리가 끊어지지 않고 깊게 들어가도록 심는다.
② 활착 때까지 물을 주어 뿌리가 땅속 깊게 뻗도록 관리한다.
③ 모종을 구입해 심을 때는 뿌리가 잘 발달해 잔뿌리가 많고 촘촘한 것, 노화되지 않고 병해충 피해가 없는 것으로 선택한다.

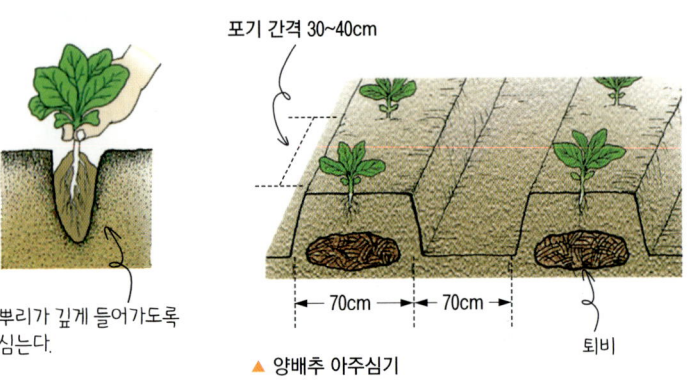

▲ 양배추 아주심기

북주기와 거름주기

① 만생종은 밑거름과 웃거름 비율을 1:1로 하고, 조생종은 2/3 : 1/3로 한다.
② 아주심기하고 1개월 후에 1차 웃거름을 주는데, 속효성 비료를 약간 주면서 흙을

거름 총량(g/3.3㎡)
· 요소 : 180
· 용과린 : 200
· 염화칼륨 : 83
· 퇴비 : 6,700
· 고토석회 : 333

※ 밑거름으로 복합비료를 주어도 상관없다.

▲ 양배추 북주기 요령

▲ 양배추의 결구 상태 및 추대

돌아준다.
③ 결구기 때는 비료의 흡수가 왕성하므로 한 번 더 웃거름을 준다.

재배 포인트

① 제초 작업 : 결구가 시작된 다음에는 바깥쪽 잎이 부러지기 쉽고 뿌리가 끊어져 생육이 나빠지므로, 제초 작업은 결구 전에 한다.
② 결구기 때는 수분에 민감하므로 건조하면 3~4일마다, 습도가 높으면 7일마다 물을 흠뻑 주도록 한다.

수확

① 손으로 포기를 눌렀을 때 단단한 것을 수확한다.
② 봄 재배는 1~1.5kg, 가을 재배는 0.8~1kg 크기를 수확한다.
③ 포기를 옆으로 약간 밀고 뿌리를 자른다.

▲ 수확한 양배추

병충해 방제

① 뿌리썩음병 : 생육 초기에는 잘록 증상으로 나타나며, 생육 중기 이후부터는 뿌리가 썩는 증상으로 나타난다. 배수를 철저히 하고, 돌려짓기해 방제한다.
② 무름병 : 땅에 닿는 부분 등에 수침상 반점(더운물에 데친 것 같은 회색 반점)이 생기다가 포기 전체로 번져 썩고 심한 악취가 난다. 토양 살충제를 살포하고, 배수를 철저히 하며, 질소비료를 줄여 방제한다.
③ 배추흰나비 : 등록 약제를 살포한다.
④ 진딧물 : 새잎과 새 줄기에 많이 붙어 해를 끼치는데 진딧물 약제로 방제 가능하다.

양배추의 영양소 에너지 (100g당 31kcal)

수분 90.6%, 단백질 1.4g, 지질 0.2g, 당질 7.3g, 섬유소 0.8g, 회분 0.6g, 칼슘 38mg, 인 26mg, 철 0.4mg, 나트륨 5mg, 칼륨 222mg, 비타민 A 3R.E, 비타민 B_1 0.04mg, 비타민 B_2 0.04mg, 나이아신 0.3mg, 비타민 C 29mg (자료: 농촌진흥청 식품성분표)

16. 오이

오이의 재배 역사는 3000년 이상 된 것으로 추정된다. 원산지는 인도 서북부 히말라야 지방과 네팔로 알려져 있다. 대륙의 북부와 남부로 각각 전파되어 서로 다른 생태형으로 분화되었다. 우리나라에는 약 1500년 전인 삼국시대에 들어와서 현재 여름오이와 겨울오이 품종으로 이용되고 있다. 노지에서 재배할 경우 장마기를 잘 견뎌야 하므로 각종 병에 강하고, 더위에도 강하며, 고온기에 암꽃 발생률이 높고, 열매의 형태가 균일해 상품성이 높은 품종을 선택한다.

【오이의 종류】

종류	설명
백다기	• 경기도를 비롯한 중부 지방에서 주로 재배하는 반백계 품종으로 취청오이에 비해 저온에 견디는 성질은 약하지만 고온에는 비교적 강한 편이어서 봄가을 재배에 적합하다. • 열매의 어깨 부위는 녹색이지만 중간부터 흰색 내지 옅은 녹색을 띠는 반백색이고 길이는 20~23cm 정도다. • 오이 표면의 혹에 침이 붙어 있는데 그 색깔에 따라 흑침과 백침으로 나뉜다. 흑침이 대부분이지만 근래에 백침계 품종들이 많이 개발되어 있다. • 흑침계 반백오이가 유통 중에 열매껍질 색이 누렇게 변하기 쉬운데 비해 백침계 오이는 쉽게 변색되지 않는 장점이 있다.
가시오이	주로 경남 지방에서 한여름에 재배하는 흑진주계, 사엽계, 삼척계 오이로 열매의 표면에 주름이 심하고 길이가 30~35cm로 길다.
취청오이	호남 지방에서 주로 겨울철에 재배하는 청장계 또는 낙합계 오이로 열매의 색이 청록색이고 흑침이며, 길이는 25~30cm 정도다.

백다기

가시오이

취청오이

일반적인 재배력

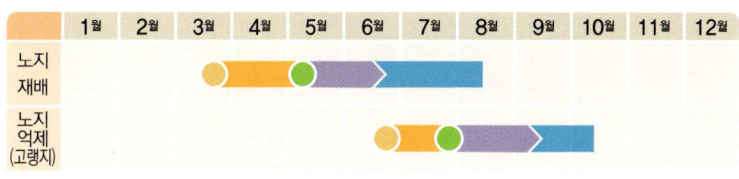

● 씨뿌리기 ━ 모기르기 ● 아주심기 ━ 생육기 ━ 수확

밭 만들기

① 토양 조건 : 유기물이 풍부하고 물 빠짐이 좋은 식양토가 적합하다.
② 일조량 : 비교적 약한 광에서도 잘 자라지만 일조가 너무 부족하면 기형과의 발생이 증가할 수 있다.
③ 뿌리가 얕게 분포하므로 유기물을 충분히 시용하는 것이 좋다.
④ 모종을 심기 2주 전에 밑거름을 주고 밭을 잘 갈아놓는다.
⑤ 밑거름 : 밑거름 양은 밭 3.3㎡당 퇴비 8㎏, 석회 300g, 복합비료 300g 정도가 적당하다.
⑥ 이랑 만들기 : 이랑의 넓이를 60~80㎝로 해서 한 줄로 심거나, 160㎝로 해서 두 줄로 심는다. 이랑의 높이는 물이 잘 안 빠지는 곳은 20㎝ 이상으로 해서 장마 때 물에 잠기는 것을 막고, 배수가 잘 되는 곳은

이랑 만들기

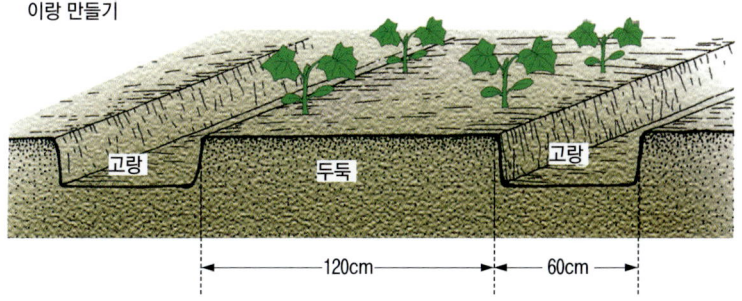

15㎝ 정도로 한다. 물이 잘 안 빠지는 곳은 이랑을 한 줄로 만든다.
⑦ 두둑에 비닐을 씌우면 지온이 높아져 활착이 빠르고 잡초가 생기는 것을 방지할 수 있다.

모종 기르기

① 오이는 옮겨 심을 때까지의 기간이 30일 이내로 짧은 반면 모종을 제대로 관리하기는 굉장히 까다롭다.
② 씨뿌리기는 3~4㎝ 간격으로 손가락으로 자국을 낸 자리에 씨를 한 알씩 떨어트리고 1㎝ 정도의 두께로 흙을 덮은 후 손바닥으로 가볍게 눌러준다.
③ 씨앗이 토양 위로 올라오지 않도록 주의하며 충분히 물을 준다. 온도가 맞지 않거나 물을 과하게 주면 쉽게 웃자라고 연약해져 병이 잘 생기는 등 모종을 튼튼하게 키우기는 상당히 어렵다. 그래서 오이는 모종 키우기가 가장 어렵다고 알려진 작물이다.

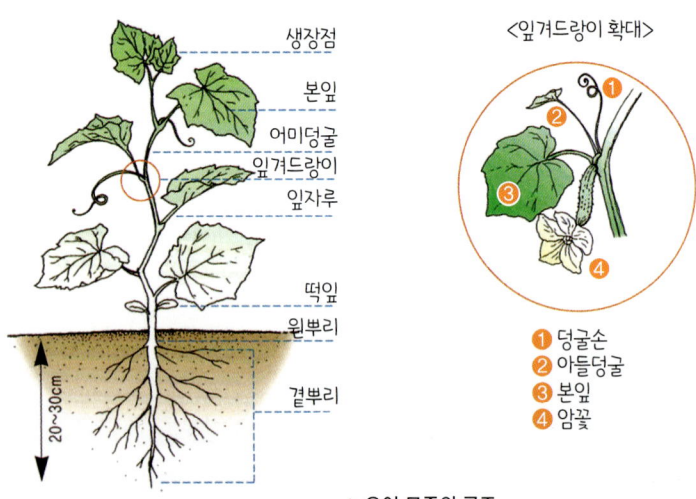

▲ 오이 모종의 구조

④ 시중에서 파는 모종은 대부분 호박 뿌리로 접목을 한 것이기 때문에 병에도 강하고 잘 자란다.
⑤ 줄기가 곧고 웃자라지 않은 것, 뿌리가 잘 발달해 잔뿌리가 많고 촘촘한 것, 노화되지 않고 병해충 피해가 없는 것, 본잎이 3~4장 전개된 것, 잎이 햇빛을 잘 받도록 전개된 것이 좋은 모종이다.

아주심기

① 아주심기 시기 : 땅의 온도가 최소 15℃ 이상 되어야 활착이 잘 되므로 바람이 없는 맑은 날을 택해 심는다. 직접 씨를 뿌리지 않고 모종 상태로 옮겨 심을 경우에는 늦서리(만상)의 우려가 완전히 없어지는 5월 상순에서 중순 사이가 적합하다. 늦서리가 끝나고 바로 심으면 좋은데 대개 남부 지방은 5월 상순, 중부 지방은 5월 중순경이 좋다.
② 심기 전날 모종에 물을 충분히 주어 포트에서 빼낼 때 뿌리를 감싸고 있는 흙이 부서지지 않도록 한다.
③ 아주심기 방법 : 심기 전에 먼저 구덩이를 파 물을 듬뿍 주고 40~50㎝ 간격으로 심은 뒤에 모종 둘레로 15㎝ 떨어진 곳에 손가락으로 둥근 원을 그려 도랑을 만들고 다시 충분히 물을 준다. 물을 준 후에는 반

▲ 오이 모종 옮겨심기

드시 흙으로 덮어준 다음 모종을 심어야 한다.
④ 오이의 뿌리는 재생력이 약해 옮겨 심을 때 몸살을 앓기 쉬우므로 튼튼한 모종을 사용한다.
⑤ 모종 흙 높이가 지면보다 다소 높거나 같은 깊이로 심는다. 접목 모종을 너무 깊게 심으면 접목 부분에 병이 발생하기 쉽다. 오후 4시 이전에 심는 작업을 완료한다.

줄기 유인과 거름주기

① 청장계와 다다기는 어미덩굴을 기르고 아들덩굴은 2~3마디에서 순지르기한다.
② 흑진주와 삼척계는 어미덩굴의 20~25마디에서 순지르기하고 주로 아들덩굴을 키워 수확하는데, 지주는 'X'자형으로 세우고 오이망을 쳐서 유인한다.
③ 줄기 아랫부분의 늙은 잎부터 따주고, 열매 1개를 수확하면 1~2개의 잎을 제거한다.

▲ 오이 관리 및 수확하기

④ 물주기 : 물은 소량씩 여러 번 주는 것을 원칙으로 하고, 저온기에는 5~7일 간격, 고온기에는 2~3일 간격으로 준다.

거름 총량(g/3.3㎡)
- 요소 : 173
- 용과린 : 197
- 염화칼륨 : 123
- 퇴비 : 10,000
- 석회 : 670

⑤ 웃거름 : 오이는 생육이 빨라 양분의 흡수량도 많으므로 비료가 부족하지 않도록 웃거름을 주는 것이 중요하다. 아주심기한 후 1개월 정도 지나 첫 번째 암꽃의 열매가 비대하는 시기에 1차 웃거름을 주고 5일 간격으로 한 번씩 웃거름을 준다. 웃거름은 포기 사이에 흙을 파서 넣어주면 된다.

⑥ 일조량 : 강한 햇빛을 좋아하는 작물이기 때문에 일조량이 부족하면 생육이 현저히 나빠진다.

수확

① 수확 시기 : 무게가 150g 내외, 길이는 20~25㎝ 정도 크기로 자라면 수확한다. 보통 꽃이 핀 후 20일 내외면 수확할 수 있으며, 생육이 왕성할 때는 12~13일 정도면 수확할 수 있다.

② 초여름에는 생장이 빨라 씨뿌리기 후 45일이면 수확할 수 있다. 오전 중에 수확하는 것이 신선도를 오래 유지하는 방법이다.

▲ 오이 착과

재배 포인트

① 햇빛을 잘 받아야 한다.
② 물을 많이 필요로 하면서도 뿌리에 물이 차는 것은 싫어하므로 보수

성이 좋으면서 배수도 잘 되는 토양이 좋다.

③ 오이 뿌리는 산소를 좋아하기 때문에 퇴비를 많이 넣은 후 깊게 갈아 토양 속에서 공기가 잘 통하게 하는 것이 매우 중요하다.

④ 줄기를 타고 높이 올라가며 무성하게 자라기 때문에 집 안에서 여러 포기를 키우기는 힘들다.

병충해 방제

① 노균병 : 잎의 앞면에 옅은 황색 반점이 생기다가 점점 커진다. 환기를 철저히 하고, 지속적으로 웃거름을 주며, 노균병 등록 약제를 사용한다.

② 흰가루병 : 잎에 작은 흰색가루가 점점이 형성되면서 번진다. 질소비료의 과용을 피하고, 흰가루병 등록 약제를 사용한다.

③ 응애 : 잎 뒷면에 기생하며 흡즙하는데 여름철 가뭄 시 심하게 나타나며 응애약으로 방제 가능하다.

④ 진딧물 : 새잎과 새 줄기에 많이 붙어 해를 끼치는데 진딧물 약제로 방제 가능하다.

⑤ 아메리카잎굴파리 : 애벌레가 잎 조직 내에서 구불구불하게 굴을 파기 때문에 잎에 흰색의 줄무늬가 형성된다. 아메리카잎굴파리 등록 약제를 살포한다.

오이의 영양소 에너지 (100g당 12kcal)

수분 95.5%, 단백질 0.9g, 지질 0.1g, 당질 2.4g, 섬유소 0.5g, 회분 0.6g, 칼슘 24mg, 인 19mg, 철 0.2mg, 나트륨 6mg, 칼륨 140mg, 비타민 A 21R.E, 베타카로틴 125㎍, 비타민 B_1 0.05mg, 비타민 B_2 0.04mg, 나이아신 0.2mg, 비타민 C 11mg

(자료: 농촌진흥청 식품성분표)

17
옥수수

옥수수의 원산지는 멕시코를 비롯한 중앙아메리카이며 아시아에는 16세기에 포르투갈로부터 전파된 것으로 추정된다. 우리나라에는 중국으로부터 조선시대에 들어왔으며, 단옥수수는 1960년대에야 국내에 전해졌다. 주로 미국에서 육성된 교잡종인 골든크로스 반탐 등이 재배되고 있다. 텃밭용으로는 세계적으로 쓰이는 단옥수수와 함께 우리나라에서 주요 식용 풋옥수수로 사용되는 찰옥수수 품종이 애용되고 있으며, 우리나라의 텃밭용으로는 대학찰옥수수(연농1호) 또는 미백2호가 많이 재배되고 있다. 옥수수는 암꽃과 수꽃이 따로 피며 옥수수의 수염은 암술의 꽃가루 통로이다. 수정 후 20일 정도면 씨앗은 유숙기에 도달하고, 그 후 5~7일 더 지나면 일반 옥수수에서는 전분이 빠르게 축적되는 호숙기에 이른다. 그러나 단옥수수는 이 시기에 아직 전분이 생기지 않아서 식용으로 적합하다. 여기에서 5일이 더 지나면 단옥수수의 알갱이 표면에 주름이 생기면서 황숙기가 된다.

일반적인 재배력

	1월	2월	3월	4월	5월	6월	7월	8월	9월	10월	11월	12월
봄 재배				●	●	━━	━▶					
가을 재배						●	●	━━	▶			

● 씨뿌리기　● 아주심기　━ 생육기　━ 수확

밭 만들기

옥수수는 따뜻한 기후와 양분, 수분이 풍부한 흙을 좋아한다. 부식이 많고 배수가 잘 되는 토양이 적합하지만 토양 산도 적응성이 높아 산성에서도 잘 자란다.

옥수수는 따뜻한 기후와 양분, 수분이 풍부한 흙을 좋아한다.

▲ 옥수수밭

이랑 만들기

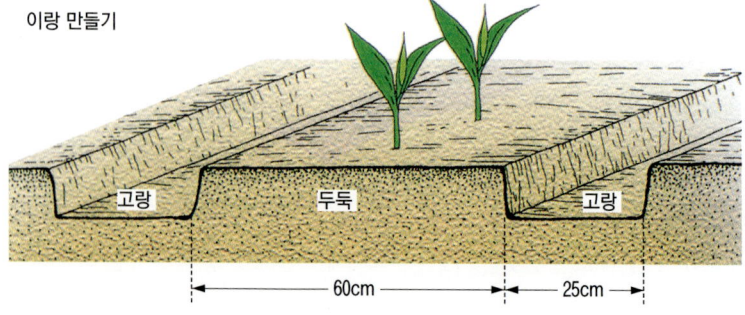

씨뿌리기

① **발아 온도** : 싹을 틔우기 위해서는 흙의 온도가 13℃ 이상 되어야 하며, 적정 발아 온도가 21~27℃로 높은 편이다.

② **씨뿌리기 시기** : 육묘를 하여 재배할 경우에는 3월 중순에 뿌리고 5월 중순에 아주심기 하여 6월 말부터 수확이 가능하다. 직파할 경우에는 4월 말에 뿌리고 7월 하순부터 수확이 가능하다.

③ **이랑 만들기** : 이랑 사이는 80~90㎝ 간격으로 하고, 한곳에 2알씩 25~30㎝ 간격으로 점뿌림한다. 흙을 3~4㎝ 두께로 덮는다.

④ **솎아주기** : 키가 10~15㎝ 정도 자라면 한 포기만 남기고 솎아준다. 50㎝ 정도 자라면 곁눈이 생기는데 제거하는 것이 좋다. 70㎝ 정도 자라면 넘어지지 않도록 흙으로 북돋아주고 김매기도 해준다.

⑤ 보통 아래쪽에 생기는 작은 이삭은 따서 샐러드로 이용하고, 가장 큰 이삭을 남겨 수정되게 한다.

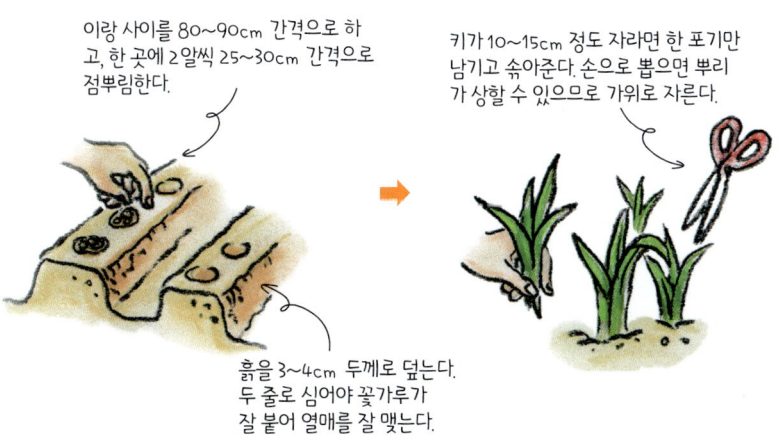

▲ 옥수수 씨뿌리기 및 솎아주기

일반 관리

① 옥수수는 다른 포기의 꽃가루를 받는 것이 결실이 잘 된다. 두 줄 정도 심으면 꽃가루가 옆으로 퍼지기 쉬워서 타가수분이 일어나 결실을 잘 맺는다.

② 일반적으로 곁가지를 제거할 필요는 없으나, '연농1호'와 같이 곁가지가 많은 품종은 제거할 수도 있으며 무릎 정도 자랐을 때 1~2회 없애주면 된다. 단, 곁가지를 너무 늦게 제거하면 잘 쓰러지고 상처를 입어 정상적인 이삭 수가 감소하므로 일찍 제거해야 한다.

③ 수염이 나고 이삭이 발달할 때는 물이 충분해야 품질과 수량이 좋아진다.

▲ 옥수수 관리 및 수확하기

거름주기

① 질소비료는 2/3를 밑거름으로 주고(3.3㎡당 요소 60g), 나머지(요소 30~40g)는 잎이 6~7장 자랐을 때 웃거름으로 준다.
② 질소를 3.3㎡당 50g(요소는 100g) 이상 주면 바람에 쓰러지기 쉬워 수량이 감소하고, 17g(요소는 35g) 정도로 줄이면 30% 이상의 수량이 감소하고 품질도 떨어진다.

> **거름 총량**(g/3.3㎡)
> • 요소 : 90~100
> • 용과린 : 200~230
> • 염화칼륨 : 70
> • 퇴비 : 5,000
> • 석회 : 800~850
>
> ※ 밑거름으로 복합비료를 주어도 상관없다.

수확과 저장

① 수확 시기 : 옥수수 알이 단단해지기 전에 수확한다. 수염의 상태를 보고 수확 시기를 판단할 수 있는데, 대개 수염이 나타나고 3주일쯤 지난 무렵으로 수염이 마르면서 갈색으로 변하는 직후다. 이때 껍질을 까서 손톱으로 눌러보면 자국이 약간 생긴다.

▲ 수염이 마르면서 갈색으로 변하는 직후 수확

▲ 옥수수 수염은 말려 차로 이용

② 수확 후 5시간 정도 지나면 당분이 감소하기 시작해 24시간이 지나면 반으로 줄어들기 때문에 수확 후 바로 쪄 먹는 것이 맛있다.
③ 저온 저장 : 고온에서 품질이 급격히 떨어지기 때문에 바로 먹지 않을 경우 저온 저장해야 한다. 수확 후 1시간 내에 0℃ 이하로 냉동 저장하면 장기간 저장할 수 있다.

▲ 수확한 옥수수

병충해 방제

① 주요 병해충 : 옥수수 재배지에 주로 발생하는 병으로는 흑조위축병, 깜부기병, 그을음무늬병이 있고, 충해로는 멸강충과 조명나방의 피해가 나타난다.
② 병해충 방제 : 적기에 씨를 뿌려 충실하게 키우고 이어짓기를 피하는 것으로 일차적인 방제를 할 수 있고, 밭을 잘 살펴 병해충이 발생하는 즉시 적정 약제를 살포해 병이 진행되는 것을 막아야 한다.

옥수수의 영양소 에너지 (100g당 106kcal)

수분 71.5%, 단백질 3.8g, 지질 0.5g, 당질 22.1g, 섬유소 0.7g, 회분 0.8g, 칼슘 21㎎, 인 106㎎, 철 1.8㎎, 나트륨 1㎎, 칼륨 314㎎, 비타민 A 26R.E, 베타카로틴 156㎍, 비타민 B_1 0.23㎎, 비타민 B_2 0.14㎎, 나이아신 2.2㎎ (자료: 농촌진흥청 식품성분표)

18 완두

콩이 식량 작물로 분류되는데 비해 완두는 세계적으로 매우 중요한 채소 작물이다. 완두의 원산지는 지중해 연안으로 추정되며 우리나라와 일본에는 근대에서 현대로 넘어오는 시기에 소개된 것으로 알려져 있지만 정확하진 않다. 높이 1.5~3m까지 자라나는 한두해살이풀로 서늘한 기후를 좋아한다. 월동 중인 어린 식물은 상당한 저온에도 잘 견딘다. 적정 발아 온도는 25~30℃이나 비교적 저온에서도 발아가 진행된다. 생육적온은 10~25℃이며, 30℃ 이상에서는 생육이 억제된다. 보통 남부 지방에서는 10월 초순경에 씨를 뿌려 그 다음 해 4월경에 수확하고, 중부 지방에서는 3월 하순경에 씨를 뿌려 10월에 수확한다. 완두콩에는 단백질이, 꼬투리에는 비타민과 단백질이 풍부하다. 꽃의 색도 여러 가지로 아름답다.

일반적인 재배력

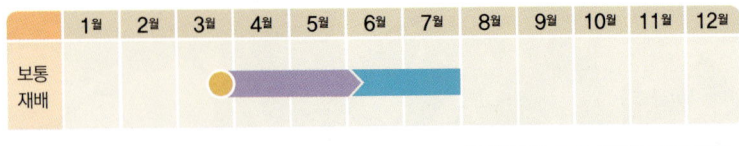

밭 만들기

① 토양 조건 : 배수가 잘되고 부식이 풍부한 양토나 사양토가 가장 좋으며 건조하거나 척박한 토양에서는 잘 자라지 못한다. 토양 산도는 pH6.5~8.0가 적당하고 산성에는 약하다.

② 이랑 만들기 : 두둑이 100㎝ 정도 되도록 만드는데, 서쪽 또는 북쪽을 조금 높여 바람막이가 될 수 있도록 한다. 구덩이를 파 퇴비와 비료를 넣고 흙으로 덮는다.

배수가 잘 되고 부식이 풍부한 양토나 사양토가 가장 좋다.

▶ 완두밭

이랑 만들기

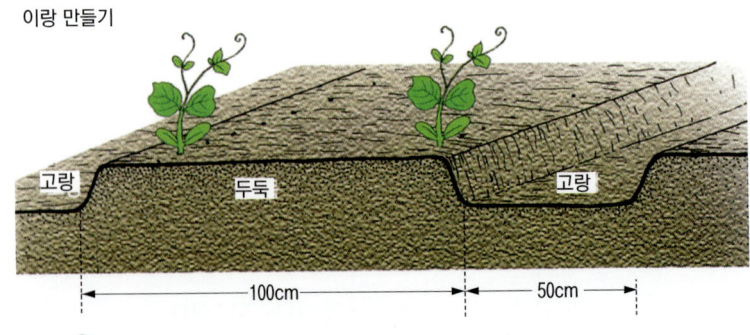

씨뿌리기

① **씨뿌리기** : 퇴비를 넣고 흙으로 덮은 그 위에 포기 사이 40㎝ 간격으로 콩을 3개씩 뿌린다.
② 습기에 약하므로 수분이 많은 밭에서는 10~30㎝의 높은 이랑을 만들어서 씨를 뿌리는 것이 좋다.
③ **솎아주기** : 모종이 10㎝ 정도로 자라면 세력이 좋은 것 두 개만 남기고 솎아준다.

지주 세우기

덩굴이 뻗어나가기 전에 대나무 등을 이용해 지주를 세우고 바인더 끈 등으로 단단히 연결한다. 가능하면 그물을 이용하는 것이 더욱 좋다.

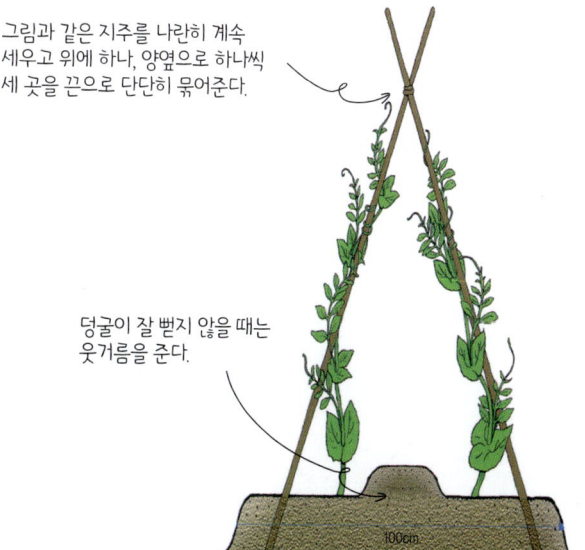

▲ 완두 지주 세우기

거름주기

① 요소 총량의 60~80%, 칼륨 총량의 70%는 밑거름으로 준다.
② 나머지는 씨뿌리기 1개월 후와 꽃이 피기 직전에 웃거름으로 속효성 복합비료를 1㎡당 20g씩 준다. 이때 질소 성분을 많이 주지 않도록 주의하고 용과린이나 초목회를 많이 주도록 한다.

거름 총량(g/3.3㎡)
- 요소 : 50~60
- 용과린 : 150~180
- 염화칼륨 : 30~40
- 퇴비 : 3,000
- 석회 : 650~670

※ 밑거름으로 복합비료를 주어도 상관없다.

수확과 저장

① 수확 시기 : 4월부터 수확할 수 있는데 완두는 열매(꼬투리)의 길이가 10~15㎝가 된 것을 순차적으로 수확하며, 경협종은 푸른색이 없어져서 속의 콩이 충분히 영글었을 때 수확한다.
② 생두 : 콩이 성숙하기 전에 수확한 파란 것을 생두라고 하며 이것은 통조림을 만들어 먹거나 밥을 지을 때 넣어 먹는다.

열매의 길이가 10~15㎝가 된 것을 순차적으로 수확한다.

▲ 완두꽃

▲ 완두 열매

③ 씨앗 : 씨앗으로 사용할 완두는 열매 색깔이 거의 회백색으로 되고 열매를 눌러 보아 씨알이 단단해졌을 때 따서 잘 보관해 둔다.

④ 저장 : 열매 상태에서 0℃, 상대 습도 95%를 유지하면 약 20일간, 4.5℃에서는 약 13~15일간 저장할 수 있다. 보통 실온에서는 2~3일을 넘길 수 없으므로 꼬투리용은 매일 수확해 판매하거나 이용하는 것이 좋다. 랩으로 싸두면 건조해지는 것을 막을 수 있다.

▲ 수확한 완두

병충해 방제

① 뿌리썩음병 : 토양을 통해 전염되므로 돌려짓기하거나 토양을 소독해야 한다.
② 갈색무늬병 : 잎에 담갈색의 병반이 생긴다. 수확기에 피해가 많으며 톱신, 벤레이트 수화제 등을 뿌려준다.

완두의 영양소 에너지 (100g당 93kcal)

수분 76.5%, 단백질 7.4g, 지질 0.4g, 당질 12g, 섬유소 2.7g, 회분 1g, 칼슘 26mg, 인 100mg, 철 2mg, 나트륨 1mg, 칼륨 690mg, 비타민 A 57R.E, 베타카로틴 340㎍, 비타민 B_1 0.26mg, 비타민 B_2 0.14mg, 나이아신 2mg, 비타민 C 24mg (자료: 농촌진흥청 식품성분표)

19 토란

토란은 천남성과로 고려시대에 식용으로 흔히 재배한 것으로 추정된다. 열대 지방에서는 다년생이지만 우리나라에서는 1년생이다. 발아하려면 기온이 최저 18℃ 이상 되어야 하고, 생육에는 25~30℃가 적당하다. 재배 기간이 길지만 큰 어려움 없이 재배할 수 있다. 보통 3월에 싹을 틔워서 4월 초순에 알뿌리를 심고 10월부터 11월까지 수확한다.

일반적인 재배력

밭 만들기

① 토양 조건 : 건조에 약한 것을 빼고는 토양 적응성은 좋다. 토양 산도도 pH4.0~9.1에 걸쳐서 잘 자란다.
② 이랑을 만들기 전에 퇴비와 비료를 밑거름으로 넣는다.
③ 재배 형태에 따라서 두둑과 고랑 폭을 결정하여 만든다. 새끼토란은 30㎝ 간격으로, 어미토란은 50㎝ 간격으로 심는 것이 좋다.

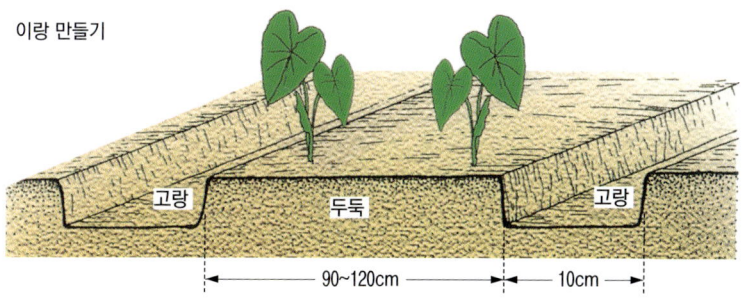

이랑 만들기

아주심기

① 토란은 얕게 심을수록 새끼토란의 모양이 짧은 원형으로 올바르게 자라고 새끼토란의 수도 많아진다. 깊게 심으면 모양이 길쭉해지고 새끼토란의 수는 적지만 크게 자란다.
② 심은 후 고랑이 수평이 되도록 흙을 덮어야 한다. 직파나 멀칭 재배 시에는 흙을 5~10㎝ 덮어주지만 싹을 틔운 것은 싹이 토양 위에 나오도록 해야 한다.

③ 토란은 높이가 보통 1~1.5m 정도 된다. 심은 지 80일 정도 될 때까지는 주로 옆으로 퍼지고 그 후에는 밑으로 자란다.
④ 어미토란의 곁눈이 자라 밑부분이 아들토란이 되고, 아들토란에서 같은 방식으로 손자토란이 생긴다.

일반 관리

① 북주기 : 일시에 많은 북주기를 하면 아들토란의 수가 적어지고 열쇠 모양의 둥글고 기다란 토란이 된다. 반대로 북주기가 적으면 아들토란 수는 많으나 가늘고 기다란 토란이 달려 수량이 떨어진다.
② 참흙 북주기 : 참흙에서는 깊이 5~10㎝로 심어 북주기를 한다. 첫 번째는 5㎝, 두 번째 10㎝, 세 번째 10㎝ 정도로 높이를 만들어간다.
③ 건조기 북주기 : 토란 뿌리는 6월 중순까지는 수평으로, 그 후에는 수직으로 자라므로 고온 건조기에 북주기를 하면 뿌리가 끊어진다.
④ 물주기 : 가뭄 피해를 받게 되면 수량이 크게 줄고 토란 알이 갈라져서 썩기 쉬우므로 흙이 깊고 습도가 알맞은 곳에서 재배하거나 적당히 물을 주어야 한다. 건조하기 쉬운 곳은 짚을 깔아주면 효과적이며 재배 기간 동안 물주기를 4~5회 해주면 수량이 50~60% 늘어난다.

거름주기

① 밑거름 : 밑거름은 거름 골을 파서 두엄과 잘 혼합해서 주고 가볍게 흙을 덮은 후 토란을 심는다.
② 웃거름 : 웃거름은 5월 말부터 7월 말까지 4회에 걸쳐 요소와 염화칼륨을 나누어 준다.

거름 총량(g/3.3㎡)
• 요소 : 120~140
• 용과린 : 160~180
• 염화칼륨 : 70~90
• 퇴비 : 6,000~7,000

※ 밑거름으로 복합비료를 주어도 상관없다.

수확과 저장

① 수확 방법 : 어미토란의 뿌리줄기를 지상으로부터 조금 윗부분에서 베고, 당토란(토란 줄기를 먹는 품종)과 같이 토란대와 함께 모두 쓰이는 것은 토란대를 70㎝ 남겨서 벤다.

② 저장 온도 : 5℃ 이상에서 저장하면 잘 썩지 않으므로 저장이 비교적 쉽다.

③ 저장 방법 : 물 빠짐이 좋은 곳에 60㎝ 깊이로 구덩이를 파 포기째 묻고 산 모양을 만들어 그 위에 짚을 20㎝ 씌우고 다시 흙을 20㎝ 덮는다. 추운 지방에서는 흙을 30㎝ 정도 덮어 준다.

▲ 수확한 토란

병충해 방제

① 역병 : 이어짓기를 피하고 배수와 통기를 좋게 해야 한다.

② 갈색무늬병 : 7~8월에 많이 발생하는데 칼륨비료를 충분히 주면 발생을 억제할 수 있다.

③ 세줄박가시 : 6~8월경에 잎에 알을 낳고 애벌레가 잎을 먹는데 애벌레를 손으로 잡아 제거하는 것이 좋다.

토란의 영양소 에너지 (100g당 58kcal)

수분 83.2%, 단백질 2.5g, 지질 0.2g, 당질 12.3g, 섬유소 0.8g, 회분 1g, 칼슘 27mg, 인 45mg, 철 0.5mg, 나트륨 2mg, 칼륨 365mg, 비타민 B_1 0.08mg, 비타민 B_2 0.03mg, 나이아신 0.8mg, 비타민 C 7mg

(자료: 농촌진흥청 식품성분표)

20 토마토

토마토는 페루, 에콰도르 등 남미 안데스 지방이 원산지이며, 유사 이전 인디언들에 의해 중앙아메리카로, 15세기 콜럼버스에 의해 유럽으로 전해졌다. 16세기에는 이탈리아에서 관상용으로 재배되기 시작했고, 제2차 세계대전 이후 일본에서 생식용으로 널리 이용되었다.

토마토에는 일반 토마토와 방울토마토가 있다. 일반 토마토로는 완숙토마토 품종이 주종을 이루고 있는데, 색깔이 빨갛게 든 다음에 수확하는 것이 원칙이다. 우리나라에서도 완숙토마토 품종이 속속 개발되고 있지만 아직은 일본 품종과 유럽 품종이 많다. 모모타로 계통의 일본 품종이 더 맛있긴 하지만 유럽 품종보다 재배가 까다로워 열매의 껍질이 갈라지는 열과 현상이 잘 생긴다. 열매가 익어갈 때 뿌리로부터 수분이 갑자기 많이 들어오면 열매 내부가 팽창하면서 껍질이 갈라지는 것이다. 따라서 비닐로 지붕을 만들어 비를 막아주거나 밭 전체를 비닐로 덮으면 열과를 줄일 수 있다. 방울토마토는 일반 토마토에 비해 야생 성질이 강해 재배하기 더 쉽다. 요즘에는 대추방울토마토 품종도 나와 있다.

일반적인 재배력

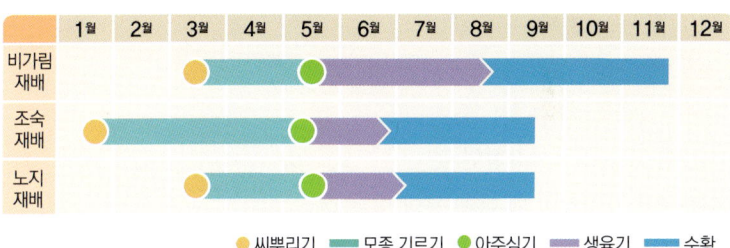

밭 만들기

① 적합한 토양 : 배수가 양호하고 비옥하며 가지과 작물을 재배한 적이 없는 토양이 적합하다. 토양 산도는 pH6.0~6.5 정도의 약산성이 좋다.

> 햇빛이 적게 드는 밭에서는 꽃가루의 기능이 약화되어 토마토가 제대로 달리지 못한다.

② 이랑을 만들기 전에 퇴비와 비료를 밑거름으로 넣는다. 두둑과 고랑을 만들고 두둑에 비닐을 씌우면 지온이 높아져 활착이 빠르고 잡초를 방지할 수 있다.

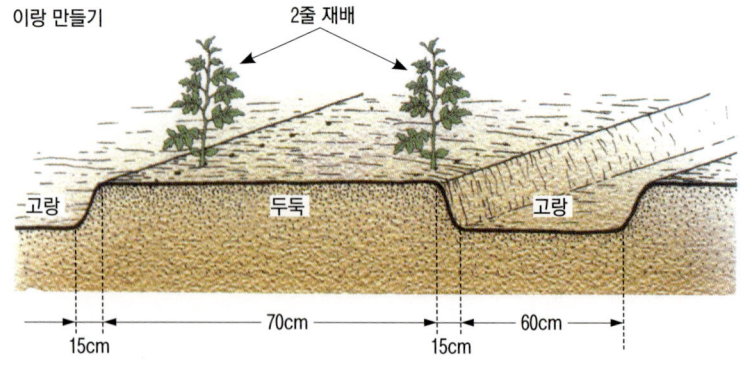

좋은 모종 고르기

① 전체 모습이 직사각형인 것
② 충실한 쌍떡잎이 맨 아래 붙어 있는 것
③ 아랫잎이 누렇게 변하지 않은 것
④ 병해나 충해를 입지 않은 것
⑤ 손바닥에 올려놓아도 흔들거리지 않는 것
⑥ 잎이 두껍거나 흐늘거리지 않는 것
⑦ 잎이 진한 녹색이고 보랏빛이 없는 것
⑧ 제1화방에 충실한 꽃과 꽃봉오리가 여러 개 달려 있는 것

아주심기

① 토마토 모종을 사다 심는 것이 편리하다.
② 화분이나 상자에 심을 때 : 심기 2~3주 전에 붉은 흙, 퇴비, 고토석회, 원예용 복합비료를 3:1:1:1로 섞어 준비해놓는다. 심기 전날 준비해놓은 배합토를 재배 용기에 집어넣고 물비료를 충분히 적셔준다. 모종을 심고 마른 흙을 살짝 덮어준 후, 다음 날 오전에 적당히 물을 준다.

▲ 토마토 모종 심기

지주를 꽂고 끈으로 8자 모양으로 약간 헐렁하게 묶어준다.

③ 아주심기 2주일 전에 밭에 밑거름을 충분히 주고 가능한 한 깊게 갈아두어야 한다.

④ 심는 시기 : 땅 온도가 17℃ 이상 되어야 활착이 잘 되므로 햇볕이 좋고 기온이 높은 날을 택해 심는다. 토마토는 제1화방의 꽃눈이 막 나올 때 심는데, 이때 꽃눈의 방향이 통로쪽으로 향하도록 심어야 수확 등의 작업이 편리하다.

⑤ 모종이 자라서 첫 번째 꽃이 피면 1.8~2m 정도 길이의 지주를 세운다. 토마토 양쪽에 지주를 세우고 윗부분을 끈으로 연결해 묶어주면 바람에도 잘 쓰러지지 않는다.

⑥ 아주심기 시기 : 지역에 따라 다소 차이가 있다. 여름철에는 온도가 높아 웃자라거나 낙화, 낙과, 배꼽썩음과 등의 발생이 심하며 작업 환경이 나쁘다. 따라서 보통 2월 하순에 씨를 뿌려 5월 상순에 아주심기하고 8월 상순까지 수확을 끝내는 조숙(早熟) 재배를 많이 한다.

▲ 토마토 모종을 아주심기한 모습

⑦ **텃밭에서 토마토를 키울 경우** : 서리가 내리지 않는 5월 상순경이 되면 아주 심기해 재배하면 된다. 심은 후에 두둑에 비닐을 씌우면 지온이 높아져 활착이 빠르고 김매기와 물주기도 수월하다. 보통 토마토는 한 그루당 하루 1~2L 정도의 물을 흡수하므로 건조할 때는 하루에 3.3㎡당 5~6L의 물을 필요로 한다.

▲ 토마토꽃

순지르기

옮겨 심은 후 10~15일에 완전히 뿌리가 활착이 되면 잎의 색도 좋아진다. 이때 줄기에 달린 잎의 겨드랑이에서 곁가지가 왕성하게 자라는데 되도록 빨리 제거하고 원가지만 키워야 열매가 크는 데 좋다. 단 곁가지가 굵어진 후에는 반드시 가위로 잘라야 상처로 인한 병 침입을 막을 수 있다. 본잎이 8~9장 정도 난 다음 여러 개의 꽃봉오

▲ 토마토 곁순 제거 요령

처음에는 잎만 나와 자라다가 9~10마디 사이에서 첫 화방이 나오고, 이후 4마디 정도마다 같은 방향으로 화방이 생긴다.

토마토의 화방 ▶

리가 달린 제1화방이 줄기에 달린다. 화방*
이 4~5개 정도 생기면, 맨 위의 화방에 달린
꽃봉오리가 개화할 무렵에 각 화방 위의 잎

화방
토마토는 꽃봉오리가 여러 개씩 단체로 열리는 것을 말한다.

을 2장 남기고 그 윗부분에서 순지르기한다. 수확을 마치기 한 달 전쯤에 맨 마지막으로 수확될 화방 윗부분의 원가지를 잘라버린다.

거름주기

① 토마토는 땅이 기름지면 열매는 달리지 않고 잎만 무성해지며 잎이 꼬이는 증상이 발생한다. 따라서 밑거름은 적게 주고 나머지는 웃거름으로 열매의 생육 상태를 보면서 주는 것이 좋다. 일반 토마토의 경우 웃거름은 첫 열매가 탁구공만 할 때부터 20~25일 간격으로 되도록 물에 녹여 주는 것이 좋다.

거름 총량(g/3.3㎡)
- 요소 : 140~200
- 석회 : 800
- 퇴비 : 2,000
- 용과린 : 160~250
- 염화칼륨 : 140~170

※ 밑거름으로 복합비료를 주어도 상관없다.

② **토마토톤 뿌리기*** : 토마토는 기상 조건이나 영양 상태에 따라 꽃이 떨어지기 쉬우므로 토마토톤과 같은 식물호르몬을 주면 열매가 잘 열리도록 도울 수 있다. 한 개의 화방에 꽃이 2~3송이 피었을 때 화방 전체에 도마토톤 100배액을 분무기로 뿌리면 된다.

토마토톤 뿌릴 때 주의사항
잎에 토마토톤이 묻지 않도록 한다. 어린잎에 묻으면 잎이 기형으로 자라 토마토가 잘 크지 않게 된다.

수확과 저장

① 일반 토마토의 경우 꽃이 핀 지 40~50일 후면 수확할 수 있으며, 열매에 빨간색이 드는 것을 보아 쉽게 수확 시기를 알 수 있다.

② 저장 : 저장 온도는 10~20℃ 정도가 좋으며 온도가 이보다 낮으면 열매가 상해서 광택이 없어지고 저장성이 떨어진다.

재배 포인트

① 토마토는 심었던 흙에 또 심는 이어짓기는 좋지 않으므로 새로운 배합토를 준비해야 한다. 특히 가지과 작물을 재배한 적이 없는 곳이 좋다.
② 햇빛을 좋아하므로 빛이 잘 드는 곳이 좋고, 물이 잘 빠지는 토양에 심어야 한다.

▲ 수확한 토마토

병충해 방제

① 잎곰팡이병 : 과습하면 발생한다. 잎 뒷면에 담황색 병반이 점차 커져 잿빛으로 변하면서 잎 전체가 죽는다. 이러한 증상이 나타나면 샤프롤 유제, 가벤다 수화제, 가스민 수화제, 치람 수화제 등을 살포해 방제한다.
② 잿빛곰팡이병 : 잎, 줄기, 과일에 암갈색의 곰팡이 병반이 생긴다. 디에토펜카브 수화제, 가벤다 수화제, 디크론, 이프로 수화제, 치람 수화제, 폴리옥신 수화제 등을 뿌려준다.
③ 온실가루이 : 유충은 잎 뒷면에 기생한다. 스피노사드 입상수화제, 지노멘 수화제, 푸라치오카브 유제, 피리프록시펜 유제 등을 일주일 간격으로 서로 번갈아 살포한다.
④ 병충해 예방 : 병든 식물이 나타나면 우선 뽑아내고 주변의 잡초를 제거해 병충해 발생을 미연에 방지한다.

방울토마토

① 방울토마토는 일반 토마토에 비해 단맛이 강하고, 비타민도 두 배나 많이 함유하고 있으며, 병에도 대단히 강해 재배가 쉽다.

② 모종 구입 : 잎의 색이 좋고 두꺼운 것을 골라 심는다. 키가 크고 무성하게 자라므로 집 안에서는 관상용으로 한두 포기 길러보는 것이 좋으며, 큰 화분이나 박스로 한두 차례 더 옮겨 심어야 한다.

▲ 블랙 방울토마토

③ 주의 사항 : 과도한 습기에는 약하므로 이랑 높이를 30㎝ 정도로 높게 한다.

④ 온도가 낮으면 꽃이 떨어지므로 15℃ 이상은 유지해줘야 한다. 5월경에는 꽃이 핀 후 60일, 7월경에는 꽃 핀 후 40일 정도부터 열매가 붉게 물들어 수확할 수 있다.

토마토의 영양소 에너지 (100g당 14kcal)

수분 95.2%, 단백질 0.9g, 지질 0.1g, 당질 2.9g, 섬유소 0.4g, 회분 0.5g, 칼슘 9㎎, 인 19㎎, 철 0.3㎎, 나트륨 5㎎, 칼륨 178㎎, 비타민 A 90R.E, 베타카로틴 542㎍, 비타민 B_1 0.04㎎, 비타민 B_2 0.01㎎, 나이아신 0.6㎎, 비타민 C 11㎎

(자료: 농촌진흥청 식품성분표)

21 파

파는 백합과에 속하는 여러해살이 초본이지만 씨앗을 이용하는 재배 관리상 1~2년생으로 취급하며, 이용 부위에 따라 대파와 잎파로 나뉜다. 대파는 외대파, 줄기파라고도 하며 재배할 때 북주기를 해 하얗게 된 잎줄기를 이용한다. 잎파는 잎과 잎줄기를 함께 이용하는 파로 실파와 엇파가 이에 속한다.

형태상으로 어린 파(실파), 중간 파(엇파), 큰 파(대파)로 시장에 출하된다. 실파와 엇파는 뿌리 부위에서 잎줄기가 많이 갈라지며, 대파는 굵고 긴 줄기를 위주로 이용한다. 쪽파는 일반 파와는 달리 씨앗이 생기지 않기 때문에 마늘과 같이 쪽으로 심어야 하는 비늘줄기채소다. 시장에서 판매하는 파도 심어 놓으면 무리 없이 잘 자란다. 화분에 심어두고 관리하면 수시로 싱싱한 파를 즐길 수 있다. 보통 3월 말경 씨를 뿌려 6~7월경 아주심기 해서 11월경 수확한다.

【파의 종류】

구분	종류
여름파형 품종	외대파, 줄기파라고 하며 잎집 부분이 길고 굵게 자라는 품종이다. 석창, 사촌, 금장 등이 있으며 추위에 강하다.
겨울파형 품종	저온기가 되어도 휴면이 되지 않는 품종이다. 더위에 강하나 추위에는 약하므로 따뜻한 지방이 아니면 생육이 불가능하다. 구조파, 서울백파가 있다.

일반적인 재배력

밭 만들기

① 토양 조건 : 물 빠짐이 좋은 땅에서 생육이 좋다. 산도 pH5.7~7.4 정도의 중성 내지 약알칼리성 토양을 좋아한다.

② 이랑 만들기 : 이랑을 만들기 10~20일 전에 퇴비와 비료를 밑거름으로 넣는다. 건조에 비교적 강하지만 과습에는 약해 해를 입기 쉽다.

이랑 만들기

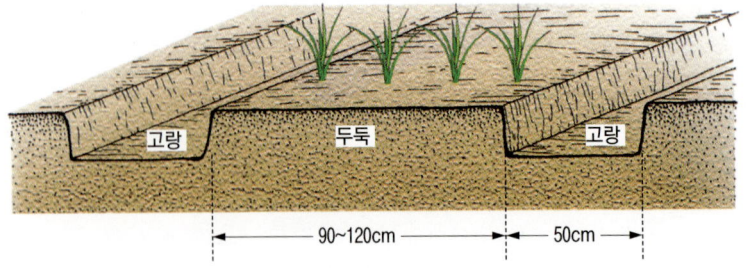

③ 파의 뿌리는 연약해 비료에 직접 닿게 되면 말라 죽으므로 흙과 골고루 잘 섞이도록 밭을 갈아준다.

씨뿌리기

① 육묘와 씨앗 양 : 본밭 10㎡당 필요한 육묘상은 1.7㎡, 씨앗 양은 10mL 정도다.
② 육묘 관리 : 두둑 너비가 90~120㎝ 되게 파종상을 만들고 15㎝ 간격으로 줄뿌림하는 것이 제초 작업 등 육묘상 관리에 유리하다.
③ 모종 간격 : 본잎이 2~3장 나면 솎음질하여 모종 간격이 1~2㎝가 되도록 한다.

아주심기

① 모종의 크기를 대중소로 구분해 아주심기한다.
② 분얼이 없는 외대파는 3~4㎝, 분얼이 많은 쌍룡파나 구조파는 5~6㎝ 간격이 적당하며 흙을 얕게 덮어야 활착이 빠르다.
③ 골의 깊이는 파의 연백부의 길이와 관계가 있는 것으로 30~35㎝ 정도면 충분하다.

④ 골의 방향은 여름 오후의 강한 광선을 피하고 태풍 시 강풍에 쓰러지지 않도록 남북 방향으로 만들고 골의 서측에 심는 동향식이 좋다.

거름주기

① 파는 아주심기 후 1~2개월까지 완만하게 자라고 3~4개월부터 왕성하게 자라 중량이 3~4배로 늘게 된다.

② 거름 관리 : 밑거름은 소량 공급하고 아주 심기 후 1~2개월부터 웃거름을 주기 시작해 비료 성분이 꾸준히 흡수되도록 하는 것이 바람직하다.

③ 인산비료는 완효성이므로 밑거름과 첫 번째 웃거름으로 전량 사용하고, 질소비료는 3~4회 웃거름으로 주는 것이 일반적인데 생육에 따라 월 1회씩 준다.

거름 총량(g/3.3㎡)
- 요소 : 181
- 용과린 : 417
- 염화칼륨 : 166
- 퇴비 : 10,000

※ 밑거름으로 복합비료를 주어도 상관없다.

▲ 파꽃

▲ 파 뿌리

재배 포인트

① 25℃ 이상의 고온에서 다습하게 되면 바깥쪽 잎에서부터 안쪽으로 잎이 말라 들어가고 뿌리가 흑갈색으로 변해 곧 전체가 말라 죽게 된다. 그러므로 과습하지 않도록 관리해야 한다.

② 북주기 : 북주기 작업은 파가 쓰러지지 않도록 받쳐주고 연백부를 길게 해 품질을 좋게 한다. 일반적으로 3~4회 정도가 적당한데 첫 번째는 아주심기 후 30~40일경에 하고, 수확 전 30~40일경에 마지막 북주기를 한다.

③ 북주기 깊이 : 1~2회는 잎집부의 2/3가 덮일 만큼 가볍게 하고 3~4회는 잎이 갈라지는 부분까지 깊게 한다.

아주심기 후 30~40일경에 한다.

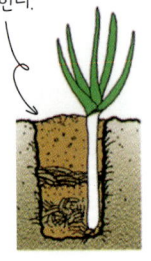
잎집부의 2/3가 덮일 만큼 가볍게 한다.

2~3주 전에 배합토를 준비하고 지주를 꽂아준다.

▲ 대파 북주기

수확과 저장

① 생육 정도, 연백 상태 등을 보아 수확한다.

② 수확 방법 : 괭이로 북주기한 흙을 제거하고 한 포기씩 뽑아 잘 털고 마른 잎을 제거한 다음 단을 묶는다. 2kg 정도의 작은 다발로 만들어 밭 한쪽에 줄지어 심는다.

③ 저장 : 흙을 잎집부가 묻힐 정도로 덮어주고 잎은 짚으로 덮어 추위로 인한 피해를 방지한다. 추위가 심한 북부 지방에서는 저장고에 넣어 동해를 막도록 한다.

▲ 수확한 파

병충해 방제

① 녹병 : 봄과 가을에 발생한다. 잎에 약간 볼록하게 튀어나오는 작은 등황색 반점이 형성되고, 병반부에 등황색 포자가 가루처럼 많이 생긴다. 일단 병이 발생하면 약을 뿌려도 효과가 없으므로 다이센 수화제, 지오판 수화제로 예방하고, 병든 잎이 보이면 조기에 제거하고 바이피단 수화제나 누스타 수화제를 섞어 뿌린다.

② 파밤나방 : 갓 부화된 유충이 잎을 갉아먹다가 잎 속으로 파고 들어가며 잎 겉에 흰 막을 남기고 속을 갉아먹어 내려간다. 란네이트를 5~7일 간격으로 3회 처리해야 방제 가능하다.

③ 파총채벌레 : 어른벌레의 크기가 0.15cm가량 되고, 1년에 10회 정도 발생한다. 애벌레가 잎 표면에서 즙액을 빨아먹어 흰색 반점이 생기고, 생육이 불량해지며, 상품 가치를 크게 손상시킨다. 여름철 가뭄이 계속될 때 피해가 심하다. 파단 등을 살포한다.

파의 영양소 에너지 (100g당 25kcal)

수분 90.3%, 단백질 2g, 지질 0.2g, 당질 4.7g, 섬유소 1g, 회분 0.8g, 칼슘 96mg, 인 24mg, 철 1.1mg, 나트륨 2mg, 칼륨 226mg, 비타민 A 106R.E, 베타카로틴 638μg, 비타민 B_1 0.05mg, 비타민 B_2 0.09mg, 나이아신 0.5mg, 비타민 C 18mg

(자료: 농촌진흥청 식품성분표)

22 호박

호박의 원산지는 멕시코를 중심으로 한 아메리카 대륙이며 우리나라에는 임진왜란 이후인 1600년대 초에 도입되었다. 크게 동양종 호박, 서양종 호박, 페포종 호박 세 가지 계통이 재배되고 있다. 주위에서 가장 흔하게 심는 풋호박, 애호박 등 조선호박은 동양종 호박, 1920년대 이후 도입되어 밤호박, 단호박이라 불리는 종류는 서양종 호박, 그리고 1955년에 도입되어 중국음식에 많이 들어가는 주키니호박은 페포종 호박이다. 주키니호박은 맛이 떨어지는 반면 겨울철 재배에 적합해 겨울에는 값싸게 많이 나오지만 여름에는 잘 자라지 못해 오히려 값이 비싸진다. 노지 재배는 주로 장마기와 만나게 되므로 각종 병에 강하고 내서성이 우수한 품종을 선택한다.

페포종 주키니호박 　　동양종 풋호박 　　동양종 애호박 　　서양종 단밤호박

일반적인 재배력

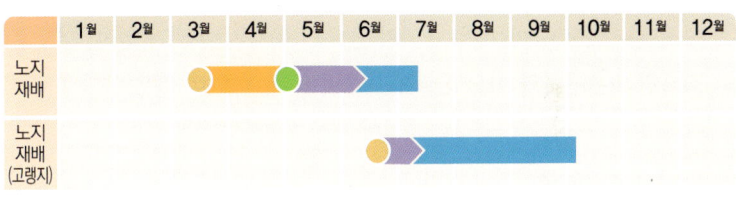

● 씨뿌리기　■ 모기르기　● 아주심기　■ 생육기　■ 수확

밭 만들기

① **토양 조건** : 비교적 토질을 가리지 않으며 다른 박과류 채소에 비해 뿌리 발달이 왕성하다.

② 이랑을 만들기 전에 퇴비와 비료를 밑거름으로 넣는다.

③ **이랑 만들기** : 재배 형태에 따라서 두둑과 고랑 폭을 결정하고, 아주심

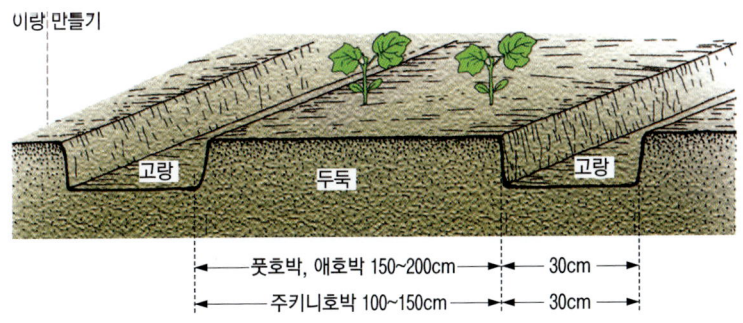

기 전에 구덩이를 파고 미리 물을 흠뻑 주면 초기 생육이 좋아진다.
④ 두둑에 비닐을 씌우면 지온이 높아져 활착이 빠르고 잡초가 생기는 것을 방지할 수 있다.

모종 기르기와 좋은 모종 고르는 법

① 육묘 기간 : 육묘 기간이 짧은 편이므로 재배상자에서 모종을 키울 경우에는 씨뿌리기 후 30일 정도 되어 본잎이 3~4장일 때 아주심기한다.
② 물 관리 : 육묘 중에 너무 습도가 높으면 웃자랄 우려가 있고, 너무 건조하면 2~3마디의 아들덩굴이 자라지 않게 되므로 물을 알맞게 주어야 한다.
③ 모종 경화 : 아주심기 5~7일 전부터는 온도를 낮추고 물 주는 양도 줄여서 모종을 경화시켜야 좋다.
④ 좋은 모종 고르기 : 모종을 구입해 사용할 경우에는 줄기가 곧고 웃자라지 않은 것, 뿌리가 잘 발달해 잔뿌리가 많고 빽빽한 것, 노화되지 않고 병해충 피해가 없는 것, 본잎이 3~4장 전개된 것, 잎이 햇빛을 잘 받도록 전개된 것을 고른다.

거름주기

① 인산, 퇴비, 고토석회는 이랑을 만들기 전에 전량을 넣는다.
② 질소와 칼륨비료는 요소와 염화칼륨을 3.3㎡당 각각 58g, 22g만 이랑을 만들기 전에 미리 넣고, 나머지는 3등분해 아주심기 후 나누어서 준다.

거름 총량(g/3.3㎡)
- 요소 : 145
- 용과린 : 222
- 염화칼륨 : 55
- 퇴비 : 6,700
- 석회 : 500

※ 밑거름으로 복합비료를 주어도 상관없다.

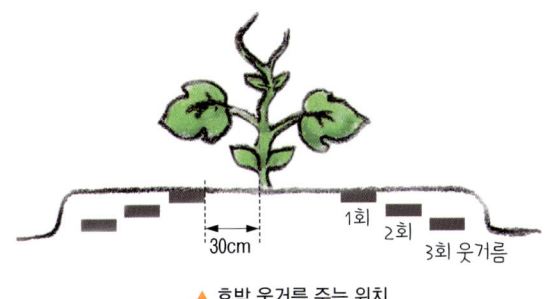

▲ 호박 웃거름 주는 위치

③ 아주심기 후에 주는 비료는 처음에는 모종에서 30㎝ 떨어진 곳에 주고 점차 모종에서 멀어지면서 준다.

아주심기

① 수확하는 열매의 수가 많으므로 밑거름은 많이 줄수록 유리하다. 그러나 질소질이 지나치면 오히려 생리적인 낙과 현상으로 열매가 안 달릴 수 있으므로 주의해야 한다.
② 아주심기 : 모종은 5월 상순에서 중순 사이, 지온이 16~17℃가량 될 때 옮겨 심는 것이 좋다.
③ 아주심기 방법 : 식물체가 옆으로 퍼지는 성질이 있으므로 포기 사이 간격은 약간 넓게 심는다. 모종 흙 높이가 지면보다 다소 높거나 같은 깊이로 심는다.
④ 모종 식재 방법 : 주위에 흙을 잘 덮어서 모종이 마르는 것을 방지하되, 모종을 눌러 심어서는 안 된다.
⑤ 물 관리 : 옮겨 심은 후에는 둘레로 15㎝ 떨어진 곳에 둥글게 원을 그려 도랑을 만들고 충분히 물을 준다.

밤호박의 줄기 유인

어미덩굴은 5마디에서 순지르기한다. 어미덩굴의 3~4마디에서 나오는 아들덩굴을 2~3개 기르고 나머지 곁가지는 제거한다.

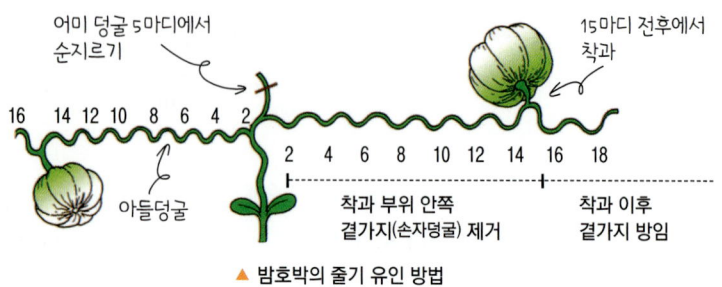

▲ 밤호박의 줄기 유인 방법

수확

① 애호박과 풋호박 : 애호박이나 풋호박은 보통 개화 후 7~10일이면 수확한다.
② 늙은호박 : 늙은호박으로 이용할 때는 개화 후 50~60일 지나 수확한다.
③ 밤호박 : 서양호박인 밤호박 계통은 개화 후 35~40일에 수확한다.

재배 포인트

① 재배 환경 : 햇빛이 잘 드는 곳에서 키워야 한다. 밑거름과 웃거름을 충분히 주면 더 잘 자란다.
② 병충해 주의 : 병에는 비교적 강한 편이나 습도가 높고 통풍이 잘 안 될 때 흰가루병과 바이러스에 잘 걸리므로 주의한다. 또 진딧물이 생기면 바이러스에 잘 걸리므로 진딧물이 붙어살지 못하도록 한다.
③ 인공수분 : 인공수분이 필요한 경우에는 암꽃 개화 당일 붓이나 손으로 수꽃의 꽃가루를 암꽃에 묻혀주거나 토마토톤 10배액을 암꽃에 분

무하면 된다.

④ 순지르기 : 밤호박을 제외하고는 일반적으로 가지고르기는 필요 없으나, 초기에 순지르기를 하여 곁가지를 키우면 암꽃이 더 많이 피게 되어 열매가 더 달릴 수 있다.

▲ 호박꽃

병충해 방제

① 노균병 : 잎의 앞면에 엷은 황색의 반점이 생기다가 점점 커진다. 환기를 철저히 하고, 지속적으로 웃거름을 주고, 노균병 등록 약제로 방제한다.
② 흰가루병 : 잎에 작은 흰색가루가 점점이 형성되어 번진다. 질소비료 과용을 피하고, 흰가루병 등록 약제로 방제한다.
③ 응애 : 잎 뒷면에 기생하여 흡즙하며 여름철 가뭄 시 심하게 나타나는데 응애약으로 방제 가능하다.
④ 진딧물 : 새잎과 새 줄기에 많이 붙어 해를 끼치는데 진딧물 약제로 방제 가능하다.

호박의 영양소 에너지 (100g당 27kcal)

수분 91%, 단백질 0.9g, 지질 0.1g, 당질 6.7g, 섬유소 0.8g, 회분 0.5g, 칼슘 28mg, 인 30mg, 철 0.8mg, 나트륨 1mg, 칼륨 334mg, 비타민 A 119R.E, 베타카로틴 712㎍, 비타민 B_1 0.04mg, 비타민 B_2 0.04mg, 나이아신 0.5mg, 비타민 C 15mg

(자료: 농촌진흥청 식품성분표)

제5장
약채소 재배방법

01 갯기름나물 (식방풍)

여러해살이풀로 2년생이며 50~90㎝ 정도로 곧게 자라고 뿌리는 비대한 편이다. 잎은 어긋나기하며 2~3회 깃꼴겹잎으로서 잔잎은 거꿀달걀 모양으로 두터우며 큰 톱니가 있다. 6~8월에 흰색 꽃이 피며 복산형꽃차례이고 꽃받침의 톱니는 짧은 삼각형이고 비교적 뚜렷하다. 꽃잎은 5개이고 흰색의 달걀 모양이고 선단은 오목하게 안쪽으로 감겨 있다. 열매는 현수과(懸垂果)로 타원형이며 성숙기는 8~9월이다. 뿌리의 외관이 원뿔형 또는 방추형이며 뿌리 길이는 5~15㎝, 뿌리 지름 1~3㎝이고 드문드문 적갈색 피목이 있다. 형성층이 뚜렷하고 곁뿌리가 2~4개가 있고 단단하다.

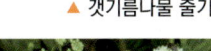
▲ 갯기름나물 줄기

▲ 갯기름나물 전초　　　　▲ 갯기름나물 꽃

밭 만들기

① 토양 조건 : 방풍이 서늘한 기후를 좋아하는 반면 갯기름나물과 갯방풍은 비교적 따뜻한 중남부 지방에서 잘 자라므로 중남부의 해안가가 재배 적지이다. 갯방풍은 습기 유지가 잘 되는 사질양토나 미사질양토에서 잘 자란다. 돌이 많이 있는 땅에서는 곁뿌리의 발생이 많다.

② 품종 : 방풍류 중 우리나라에서 육성된 품종은 경북농업기술원에서시 육성한 식방풍1호가 있는데 뿌리가 직립 원뿔형으로 특히 탄저병에 강하며 습기나 더위에 견디는 성질이 강하고, 쓰러짐에도 강한 품종 특성을 가진다.

▲ 갯기름나물 씨앗

③ 번식 및 아주심기 : 방풍류는 주로 씨앗을 이용한 실생번식을 하는데, 방풍과 갯기름나물은 직파재배와 육묘이식재배를 하며 갯방풍은 주로 직파재배를 한다.

직파재배 (번식 방법)

갯기름나물은 1년생으로 수확하고자 할 때는 비옥한 토양에 거름을 많이 주고 직파한다.

① 씨뿌리기 시기 : 재배 방식에 따라서 무피복 재배는 가을씨뿌리기가 좋고, 봄씨뿌리기를 할 경우에는 해동 즉시 하는 것이 좋다. 그러나 검정 비닐로 덮어 재배하고자 할 때는 3월 하순경에 하는 것이 좋다. 가을씨뿌리기는 10월 하순~11월 상순에, 봄씨뿌리기는 3월 중순~하순에 한다. 최근에는 육묘하여 심기도 한다.

▲ 갯기름나물 비빔밥용(50일묘)

② 씨앗 양 : 1,000㎡당 씨앗 3L 정도를 뿌린다.
③ 씨뿌리기 방법 : 두둑 사이를 40㎝ 정도로 하여 깊이 1㎝ 정도의 얕은 골을 치고, 15㎝ 간격으로 4~5알씩 점뿌림하거나, 드물게 줄뿌림을 하기도 한다. 비닐피복 재배를 할 때는 두둑에 비닐을 덮은 후 구멍을 뚫고 뿌린 다음 습기 유지를 위하여 젖은 톱밥 같은 것으로 구멍을 덮어준다. 또 발아할 때까지 수분 유지를 위하여 볏짚이나 차광망을 덮어주었다가 발아가 되면 걷어낸다.

④ 솎음 : 싹이 난 후 본잎이 2~3장이 되면 15㎝ 정도의 간격으로 1개씩만 남기고 솎아준다.

육묘이식재배 (번식 방법)

① 씨뿌리기 시기 : 육묘상에 하려면 가을에 씨뿌리기하는 것보다 봄에 씨뿌리기하는 것이 좋다.

② 씨앗 양 : 본밭 1,000㎡당 33㎡의 묘판 면적이 필요하다. 씨앗은 2L 정도 필요하다.

③ 씨뿌리기 방법 : 토양이 비옥하지 않은 보통 밭에 150㎝ 내외의 넓은 두둑을 만들고 씨앗을 빈틈없이 뿌린다. 그 후 0.5㎝ 정도의 두께로 흙을 덮어주고 볏짚이나 차광망을 덮은 후 발아를 돕도록 충분한 양의 물을 준다. 발아하면 피복물을 제거하고 관리한다.

④ 줄기의 지름이 약 0.5㎝인 가늘고 긴 묘를 생산하기 위하여 육묘상은 적당한 시비를 하고, 되도록 솎음하지 않고, 생육을 억제하면서 육묘하면 본밭에 아주심기했을 때 꽃대가 올라오는 것을 방지할 수 있다.

아주심기

① 아주심기 시기 : 3월 하순~4월 하순이 적기인데, 일찍 심으면 활착은 좋으나 추대(꽃대가 올라오는 것) 되는 것이 많고, 늦게 심으면 활착률이 떨어지므로 사용 목적에 따라서 그 시기를 조절한다.

② 아주심기 방법 : 너비 40㎝ 정도의 이랑을 만들고 모를 45° 각도로 하여 모 끝이 구부러지지 않도록 15~20㎝ 간격으로 심는다.

③ 아주심기 요령 : 묘두(苗頭)가 보이지 않도록 흙을 덮고 가볍게 눌러준 다음 건조를 방지하기 위하여 볏짚이나 건초, 차광망 등을 덮어준다.

거름주기

① **거름량** : 토양의 비옥도와 재배지역의 기상환경에 따라 적절하게 거름을 주는데, 갯기름나물을 당년 수확을 목적으로 직파재배할 경우에는 밭갈이 전에 1,000㎡당 퇴비 1,000㎏, 질소 10㎏, 인산 12㎏, 칼륨 7㎏을 골고루 뿌리고, 밭을 갈고 땅고르기 하여 전층시비가 되도록 한다.

② **웃거름** : 웃거름은 8월 상순에 질소 10㎏과 칼륨 3㎏을 준다. 질소비료를 너무 많이 주면 지상부 생육이 지나쳐 장마 후 흰가루병의 발생이 많아지므로 적정 시비를 하도록 주의한다.

③ **주의점** : 육묘이식재배를 할 때 질소비료를 밑거름으로 많이 주면 꽃대가 많이 올라와 뿌리 수량이 감소될 수 있으므로 뿌리약재 생산을 목적으로 재배를 할 경우에는 주의해야 한다.

잡초 제거 및 관리

① **제초 작업** : 직파재배를 할 때는 초기 생육이 늦어 잡초와 경쟁이 되어 생육이 위축되기 쉬우므로 3~4회에 걸쳐 제초 작업을 해주어야 한다. 육묘이식재배를 할 때는 큰 잡초만 뽑고 북주기를 해준다. 또 꽃대가 올라오는 것은 씨앗 채취를 할 것을 제외하고, 뿌리 생산을 목적으로 하는 것은 보이는 대로 즉시 제거해준다.

② 하우스 재배를 할 경우 노지보다 밀식하고 봄부터 낫으로 베어서 4~6회 정도 수확할 수 있으며 2~3년간 수확이 가능하다.

▲ 갯기름나물 어린잎을 채취하기 적당한 시기

병충해 관리

크게 문제되는 병해충은 없으나 질소비료를 지나치게 많이 주면 지상부 생육이 과하게 번성하여 장마 후 흰가루병이 발생될 수 있다.

갯기름나물의 조리법 및 효능 (100g당 20kcal)

- 어린잎은 데쳐서 비빔밥, 나물용으로 이용한다.
- 개인의 식성과 취향에 따라 다양한 요리로 즐길 수 있다.
- 장아찌로 담가 먹을 수 있다.
- 쌈채소나 샐러드로 이용할 수도 있다.
- 갯기름나물은 연중 새잎이 계속 나오기 때문에 잎을 채취하는 기간이 길다.
- 피부 아래 머무르는 사기, 즉 표사(表邪)를 밖으로 배출하는 발표(發表), 풍사를 제거하는 거풍(祛風), 통증을 멎게 하는 지통(止痛) 등의 효능이 있다. 감기로 인하여 발생하는 발열 증상인 감모발열(感冒發熱), 두통, 안면신경마비, 신경통, 중풍, 습진 등을 치료한다.
- 중국에서는 *Saposhnikovia seseloides*의 뿌리를 방풍(防風)으로 쓰지만 우리나라에서는 *Peucedanum japonicum*(植防風)의 대용으로 쓰고 있다.

▲ 갯기름나물 나물로 이용하는 어린잎

▲ 갯기름나물 장아찌

02 더덕

여러해살이 덩굴식물로 뿌리가 도라지처럼 굵다. 덩굴줄기는 길이 200~300㎝까지 자라면서 시계 방향으로 물체를 감고 올라가고, 담녹색이며, 털이 없고 자르면 뿌연 유액이 나온다. 잎은 덩굴 아래에서는 마주나지만, 윗부분은 어긋나며 짧은 가지 끝에 4개의 잎이 서로 접근하여 마주나기 때문에 모여 달린 것처럼 보인다. 바늘 모양 또는 긴 타원형이며 양끝이 좁다. 길이 3~10㎝, 너비 1.5~4㎝로서 털이 없으며 표면은 녹색이고 뒷면은 분백색이며 가장자리가 밋밋하다. 꽃은 8~9월에 가지 끝부분의 잎겨드랑이에 밑을 향해 달리며 꽃받침은 5개로 갈라지고 갈래조각은 달걀 모양의 긴 타원형이며 길이 2~2.5㎝, 너비 6~10㎝로서 끝이 뾰족하

▲ 더덕 지상부

▲ 더덕 줄기

▲ 더덕 꽃

고 녹색이다. 꽃 모양은 길이 2.7~3.5cm로서 끝이 5개로 갈라져 뒤로 약간 말리며 겉은 연한 녹색이고 안쪽에 자갈색 반점이 있다. 뿌리는 가운데는 굵고 머리와 끝은 가늘게 생긴 방추형이며 가로 주름이 많다. 내부는 흰색이며 다공성(多孔性)으로 특유의 향이 있다.

재배 환경

서늘한 기후와 통풍이 잘되는 곳이 좋으며, 햇볕이 강한 곳보다는 야산의 경사진 곳에서 생육이 좋다. 토심이 깊고 비옥한 모래참흙에서 생육이 양호하다. 우리나라 중산간 지역에 자생한다. 중남부의 평야지 또는 그늘진 곳 등 전 지역에서 재배가 가능하지만, 섬이나 해안지대의 해풍이 심한 곳에서는 재배하지 않는 것이 좋다.

① 기후 : 우리나라 전 지역에 재배가 가능하지만, 비교적 기온과 지온이 낮고 낮과 밤의 일교차가 크며 유기물 함량이 높은 고랭지가 유리하

고, 더덕의 뿌리 생육은 물론 사포닌과 향기 성분 등의 품질이 향상된다. 그늘진 곳에서도 잘 자라지만 양지에서 재배하는 것이 뿌리 생육에 좋고 꽃 피는 시기도 빨라진다. 생육 최성기인 7월과 8월의 평균기온이 25℃ 정도인 산간 고랭지로 일사량이 적당하고 통풍이 잘 되는 곳에서 잘 자란다.

② 토양 조건 : 더덕은 뿌리가 곧고 길게 뻗으므로 부식질이 많은 모래참흙 땅 중에서도 토심이 30~50㎝로 깊고 물 빠짐이 좋은 곳, 습기가 있고 통기성이 좋은 pH6.0 정도의 약산성토양이 생육에 적합하다. 산성토양에서는 생육이 불량하므로 석회를 준 후에 심는 것이 좋고, 가뭄이 계속될 때에도 물을 흡수할 수 있는 곳이면 이상적이다. 자갈이 많은 곳이나 모래땅의 경우에는 뿌리에 흠이 생기거나 잔뿌리가 많이 생겨 상품 가치가 떨어지고, 점질토나 가뭄의 피해를 심하게 받는 곳도 뿌리의 발육이 불량하므로 재배를 피하는 것이 좋다.

▲ 더덕 뿌리

씨앗

① 품종 : 더덕은 시험연구기관에서 육성·보급된 품종은 없고, 현재 재배되고 있는 품종은 대부분 야생종을 채종하여 순화 재배한 것들이다. 안동 지역에서 수집하여 보존 중인 덕유산 지역종이 있으며, 다른 지역종에 비하여 향기가 다소 진한 특성이 있다.

② 채종 : 씨앗은 1년생 더덕에서 채종하면 충실하게 여물지 못하여 발아가 불량할 수 있으므로 2년 이상 된 밭에서 병 없이 건전하게 자란 포기에서 채종하는 것이 유리하다. 꽃은 무한화서로 피므로 열매가 익는 대로 따서 양지에 말린 다음 채종하여 정선한다.

▲ 더덕 씨앗

③ 씨앗 보관 : 휴면 기간이 120일 정도로 길어 발아가 잘 되지 않으므로 채종 후 노천매장을 했다가 저온 처리 후에 씨를 뿌려야 한다.
④ 발아 : 더덕은 씨앗으로 번식을 하며, 발아적온은 15~25℃로 비교적 낮고, 기간은 20일 정도가 소요된다. 암발아성이므로 씨를 뿌릴 때에는 반드시 흙덮기를 해주어야 한다.

직파재배(번식 방법)

① 씨뿌리기 시기 : 지역에 따라서 다른데 중남부 평야지대에서는 3월 하순~4월 상순, 산간 고랭지에서는 4월 중순에 뿌리는 것이 안전하다. 특히 씨뿌리기한 후 싹이 나온 다음에 서리 피해가 없도록 씨뿌리기 시기를 잘 조절해야 한다.
② 두둑 만들기 : 우선 더덕 재배할 밭이 정해지면 깊이갈이를 하고 땅고르기 작업을 한 다음 90~100㎝의 두둑을 만들고 비닐을 덮을 수 있도록 배수로를 30~60㎝ 정도 둔다.
③ 비닐 덮기 : 더덕 전용 비닐은 흰색과 검은색 비닐을 겹으로 붙여 만든 것으로, 사방 10㎝마다 구멍이 뚫려 있다. 여름철에 지온을 낮추도록 검은색 면이 지면에 닿게 하고, 흰색 면이 위로 향하도록 덮는다.

▲ 더덕 발아된 모습

▲ 더덕 어린잎

비닐은 토양 수분이 알맞을 때 작업하여야 발아를 고르게 할 수 있다. 건조할 때는 물주기를 하고, 과습할 때는 작업이 불편하고 능률이 낮으므로 씨뿌리기가 늦더라도 비닐 덮기를 늦추어야 한다.

④ 씨앗 처리 : 더덕의 씨앗은 발아가 잘 되지 않으므로 휴면 기간(채종 후 120일 정도)이 지난 다음 2~5℃의 저온에서 7일 이상 저온 처리한 후 씨를 뿌려야 발아가 비교적 잘 된다. 상온에서 보관했던 씨앗을 그대로 뿌리는 것은 가급적 피하는 것이 좋다.

⑤ 씨뿌리기 : 비닐을 덮은 다음 구멍에 3~5알씩 점뿌림하고 흙으로 가볍게 덮는다. 씨앗의 양은 1,000㎡당 3~5L 정도이다. 비닐에 더덕 씨앗이 부착된 씨비닐을 이용하고 볏짚을 덮으면 인력씨뿌리기 또는 기계씨뿌리기에 비해 노력을 50% 이상 절감시킬 수 있다.

⑥ 솎아주기 : 발아 후 본잎 4~5매, 높이 4~6㎝ 정도 자랐을 때 1개만 남기고 솎아주기하여야 한다.

⑦ 거름주기 : 시비량은 토양 조건 및 비옥도에 따라 다른데, 사양토는

1,000㎡당 퇴비 1,500㎏, 질소, 인산, 칼륨 각 6㎏이 적당하다. 질소비료는 70%를 밑거름으로 주고 나머지 30%는 꽃 피기 전인 7월 중하순경에 웃거름으로 사용한다. 그러나 보수력 및 보비력이 좋은 토양에서는 전량 밑거름으로 사용하여도 생육에 큰 차이가 없다. 척박한 토양에서는 유기질비료를 사용할 경우에는 1,000㎡당 퇴비 3,000㎏, 계분 200㎏를 사용하고 질소 3㎏, 인산 6㎏, 칼륨 3.5㎏을 밑거름으로 사용한다. 웃거름은 1년 차에는 7월 하순에 1회, 2년 차부터는 6월 하순과 7월 하순에 2회 주고, 가을에 퇴비로 덮어주면 토양 보습 및 동해를 막는 효과를 동시에 얻을 수 있다. 그러나 질소비료를 많이 사용하면 지상부 생육이 번무하고 뿌리 비대는 촉진되지만 조직이 연약해지고 섬유질이 적어져 월동 중에 뿌리썩음병이 발생하기 쉽다.

육묘이식재배(번식 방법)

① 토양 조건 : 육묘상은 물 빠짐이 좋고 토심이 깊은 사양토 또는 양토가 적당하다. 더덕 1,000㎡ 재배에 필요한 묘상 면적은 40㎡이며, 묘상의 상토는 퇴비, 산흙, 모래를 같은 비율로 혼합하여 만든다. 비료는 퇴비 100㎏, 용과린 4㎏을 묘상에 골고루 뿌리고 깊이갈이를 하여 땅고르기 한다.

② 이랑 만들기 : 육묘상은 관리하기 편하도록 이랑 넓이 90㎝, 높이 30㎝의 두둑을 만들고 두둑 사이에 30~50㎝의 배수로를 둔다.

③ 씨뿌리기 : 육묘상에 씨를 뿌릴 경우에도 직파재배와 똑같이 준비한다. 봄씨뿌리기 또는 가을씨뿌리기를 하며, 봄씨뿌리기는 중남부 평야에서는 3월 하순~4월 상순, 고랭지에서는 4월 중순에 하는 것이 안전하다. 늦게 씨를 뿌리면 발아율이 떨어지고 잡초가 더덕보다 빨리

발아되므로 제초 작업을 많이 해야 한다. 가을 씨뿌리기는 동해의 우려가 적은 남부 지방에서 주로 하며, 10월 하순~11월 하순경 토양이 얼기 전에 하여야 이듬해 봄에 잡초보다 빨리 발아한다.

④ 씨뿌리기 방법 : 더덕은 육묘상에 흩어뿌림이나 줄뿌림한다. 줄뿌림 간격은 10㎝ 정도가 적당하다. 씨앗이 작고 가벼우므로 바람이 없는 날 씨뿌리기하며, 씨앗을 잔모래와 혼합하여 고르게 뿌린다.

⑤ 씨앗 처리 : 40㎡에 150~200g의 씨앗을 뿌린다. 암발아성이므로 씨앗이 보이지 않도록 0.5~1㎝ 두께로 흙을 덮는다. 흙 두께를 고르게 하여야 균일할 수 있으므로 잘 썩은 퇴비 1에 모래참흙 2의 비율로 섞은 흙을 체로 친 상토를 사용한다. 흙덮기가 끝나면 볏짚이나 건초를 덮어 표토의 건조와 굳어짐을 막고 수분 증발을 억제하여 발아를 촉진시킨다.

⑥ 비닐 덮기 : 씨뿌리기 후 20일이면 발아가 된다. 묘가 3~5㎝ 자라면 구름이 끼고 흐린 날을 선택해 비닐을 걷어준다. 바람이 불고 햇볕이 강할 때 작업을 하면 연약하게 자란 묘가 열해를 받을 염려가 있다. 비닐을 너무 늦게 걷어주면 모가 웃자라고 연약해져 아주심기 때 상처를 입게 된다. 묘가 건실해야 수량을 높일 수 있으므로 뿌리의 발육이 좋도록 관리하는 것이 중요하다.

⑦ 아주심기 : 뿌리가 곧고 굵으며 잔뿌리가 적고 뿌리가 절단되지 않은 건전한 모종을 골라 심는다. 무게가 5~7g 정도 되면 상품률 60~74% 정도의 더덕을 수확할 수 있다. 무게가 5g 이하거나, 절단된 모를 심게 되면 잔뿌리가 많이 발생하거나 뿌리가 둥글게 되는 등 상품의 품질이 떨어진다. 잔뿌리가 많은 것과 크기가 작은 묘는 따로 심도록 한다. 묘를 캐낼 때는 곧은 뿌리가 끊어지거나 상처를 받지 않도록 주의해야 한다.

⑧ 아주심기 시기 : 씨뿌리기한 후 다음해 봄, 싹이 나오기 전에 하는 것이 좋다. 강원 중북부 지역에서는 4월 상순이 적기이나, 중남부 지방에서는 3월 하순경에 주로 한다. 중산간지나 고랭지는 땅이 풀리고 밭갈이에 지장이 없으면 한다.

⑨ 아주심기 방법 : 더덕의 뿌리는 직근성이므로 가능하면 똑바로 세워 심는 것이 좋다. 자갈이 많고 메마른 밭에서는 아주심기에 편리하도록 뿌리를 45°로 비스듬히 심거나 눕혀서 심기도 하는데, 이런 경우에는 뿌리가 구부러지므로 상품 가치가 떨어지고 수량도 낮아진다.

⑩ 아주심기 간격 : 토양 비옥도, 시비량 등에 따라서 차이가 있으나 대체로 이랑 사이에 60~90㎝의 두둑을 만들어 포기 사이 10~15㎝, 줄 사이 30㎝(2줄)로 심는다. 아주심기 전에 씨뿌리를 지베렐린 5ppm(200,000배액)에 24시간 담가서 심으면 활착과 수량성이 높아진다.

⑪ 거름주기 : 거름주기는 직파재배와 같은 방법으로 한다.

특수 재배

어린순을 나물로 사용하기 위하여 겨울에 전열온상을 설치하고 하우스 내에서 재배한다.

▶ 더덕 잎과 줄기를 채취하기 적당한 시기

덩굴 올리기와 순지르기

① **덩굴 올리기** : 더덕은 덩굴성 식물로 2~3년 재배해야 되므로 지주를 세워 덩굴 올리기를 해주어야 한다. 그렇지 않으면 통풍과 투광이 좋지 못하여 줄기 아랫부분의 잎이 고사하고 병 발생도 많다. 덩굴 올리기를 하면 수관 내 깊숙이 햇볕을 비추고 바람을 잘 통하게 하여 하위 잎이 고사되는 것을 방지할 수 있다. 충분한 엽면적을 확보함으로써 동화량을 증가시키고, 병의 발생은 감소시켜 수량을 증가시킬 수 있다.

② **지주 세우기** : 일자형 지주와 삼각형 지주를 많이 이용한다.

- **일자형 지주** : 각목이나 파이프 등을 두둑의 중간에 200~300㎝ 간격으로 단단하게 세우고 오이망을 씌워 덩굴을 올리는 방법이다. 햇볕 투과량이 많고 작업하기가 편리하나, 강풍에 쓰러질 우려가 있다.
- **삼각형 지주** : 지주 3개를 삼각형으로 땅에 박고 위쪽은 X자형으로 묶어서 양쪽으로 오이망을 씌워 덩굴을 올리는 방법이다. 일자형 지주보다는 햇볕 투과량이 적으며, 특히 가운데 부분은 햇빛을 받지 못하고 생육이 저조하여 전체적인 생육이 고르지 못하다. 그러나 지주가 견고하여 쓰러짐을 방지할 수 있는 장점이 있다.

▲ 일자형 지주

③ **순지르기** : 순지르기는 꽃이 피기 20일 전에 하면 근 비대를 촉진하여 수량이 증대된다.

병충해 방제

① <u>주요 병충해</u> : 더덕에 발생하는 주요 병해충으로는 세균성마름병, 녹병, 탄저병, 점무늬병, 갈색무늬병, 줄기썩음병, 시들음병, 흰가루병, 낙엽성반점병 등의 병해와 응애, 뿌리혹선충, 굼벵이, 거세미나방 등의 피해를 들 수 있다.

② <u>병충해 방제</u> : 묘를 아주심기하고 3일 이내에 재배 면적 1,000㎡당 파미드 수화제 300g을 물 100L에 타서 골고루 뿌린다. 2년 이후부터는 짚이나 낙엽을 덮어 잡초 발생을 억제하며, 고랑에 나는 풀은 북주기를 겸하여 수시로 김을 맨다. 작물보호제를 뿌릴 때는 품목 고시 여부를 확인하고 안전사용기준에 맞추어 사용한다.

더덕의 조리법 및 효능 (100g당 55kcal)

- 뿌리는 더덕구이, 장아찌, 건강주, 건강차, 무침, 생채 등의 채소로 활용한다.
- 장아찌로 담가 먹을 수 있다.
- 튀김으로 즐길 수 있다.
- 연한 잎은 쌈채소나 샐러드로 이용할 수도 있다.
- 개인의 식성과 취향에 따라 다양한 요리로 즐길 수 있다.
- 간 기능 강화를 위하여 쪄서 나물로 무쳐 먹기도 한다.

▲ 더덕 요리로 사용하는 더덕 뿌리

▲ 더덕 장아찌

03 도라지

산야에서 흔히 자라는 여러해살이풀로 높이는 40~100㎝이고 뿌리가 굵으며 원줄기를 자르면 흰색 유액이 나온다. 잎은 돌려나기, 마주나기 또는 어긋나기 하고 긴 달걀 모양 또는 넓은 바늘 모양에 끝이 뾰족하고 길이 4~7㎝, 너비 1.5~4㎝이다. 표면은 녹색, 뒷면은 회청색이고 가장자리에 예리한 톱니가 있다. 꽃은 7~8월에 피고 하늘색 또는 흰색이며 원줄기 끝에 1송이 또는 여러 송이가 위를 향해 달린다. 꽃부리는 끝이 퍼진 종 모양이고 지름 4~5㎝로서 끝이 5갈래로 갈라진다. 5개의 수술과 1개의 암술이 있고 씨방은 5실이며 암술대는 끝이 5개로 갈라진다. 튀는열매(삭과)는 암갈색이며 구멍이 뚫린 꼬투리로 다소 둥근 모양이다. 꼬투리당 80~100

▲ 도라지 지상부

▲ 도라지 줄기

▲ 도라지 꽃

개의 씨앗을 맺으며, 씨앗은 길고 편평한 구형으로 1,000알의 무게는 1g 정도이다.

밭 만들기

부식질이 풍부하고 부드러운 땅이 좋으며 사질양토나 식질양토로 토심이 깊고 유기물 함량이 많은 곳에서 잘 자란다. 토양에서 재배하면 우량품을 생산할 수 있다. 이어짓기를 싫어하고 추위에 견디는 내한성이 강하여 우리나라 대부분의 지역에서 재배가 가능하지만, 햇볕이 잘 드는 양지쪽에서 더 잘 자란다.

품종 및 아주심기

① 품종 : 영남농업연구소에서 2002년에 육성한 장백도라지(밀양1호)가 보급되고 있다. 또 꽃의 색깔에 따라서 백도라지와 자색 도라지로 구분하기도 하지만 기원은 같고, 백도라지가 수량이 많으나 약효에는

차이가 없다.

② 번식 : 씨앗으로 번식하며 3월 하순~5월 상순 및 10월 중순, 2차례 가능하다. 이랑 너비 120㎝로 두둑을 짓고 휴면을 균일하게 고른 다음 가로 30㎝ 사이로 작은 골에 줄뿌림을 하며 짚을 얇게 깔아준다. 최근에는 포트에 육묘하여 심기도 한다. 봄철에 가뭄이 계속되면 씨뿌리기를 하여도 발아하지 않고 장마기에 발아한다.

▲ 도라지 씨앗

▲ 도라지 발아

▲ 도라지 잎과 줄기를 채취하기 적당한 시기

▲ 도라지 뿌리

거름주기

1,000㎡당 잘 썩은 퇴비 1,500㎏, 요소 20㎏, 용과린 또는 용성인비 90㎏, 염화칼륨 25㎏을 시용한다.

잡초 제거

① 제초제 살포 : 씨뿌리기 후 3일 이내에 파미드 수화제 400배액을 1,000㎡당 100L 정도 살포하면 1년생 잡초의 방제가 가능하나 품목 고시는 안 되어 있다.

② 솎아주기 : 소량으로 재배하는 텃밭 재배의 경우에는 제초제를 사용하지 않아도 된다. 생육 초기 본잎이 3~4장이 될 때 포기 사이가 5~6㎝가 되도록 솎아주기를 하면서 손으로 제초할 것을 권한다. 솎아주기는 가능하면 비가 온 후나 물을 준 후에 실시하면 좋다. 3.3㎡당 600주 정도를 남기는 것이 적당하다.

▲ 도라지 꽃대

③ 1년생에 중점적으로 잡초를 방제하고 2년부터는 도라지의 생육이 좋아져 잡초가 번성하지 못한다.

꽃대 제거

① 꽃대 제거 : 꽃망울이 생기고 씨앗이 익어가면서 생식생장에 많은 영양분을 소모한다. 따라서 영양분이 꽃으로 이동하는 것을 방지하기 위하여 채종할 것을 제외하고 반드시 꽃대를 제거해주어야 한다.
② 꽃대 제거 시기 : 꽃대를 제거하는 적기는 6월 중·하순경 꽃망울이 생길 때이다.

병충해 방제

① 주요 병충해 : 순마름병, 점무늬병, 탄저병, 줄기마름병, 줄기썩음병, 시들음병, 진딧물 등

② **병충해 방제** : 여름 장마철에 지상부가 지나치게 무성하게 자라지 않도록 주의하고, 배수로를 깊이 파서 포장이 과습하지 않도록 관리하는 것이 가장 중요하다. 병충해이 심할 때는 적용 약재를 살포하여 방제한다.

도라지의 조리법 및 효능 (100g당 34kcal)

- 뿌리를 무침, 절임, 구이, 산적, 정과, 차 등으로 활용하고 어린순은 나물로 이용하거나 장아찌로 담가 먹을 수 있다. 어린줄기는 튀김용으로 사용한다.
- 도라지의 쓴맛을 속성으로 우려낼 때는 굵은소금을 물에 타거나 쌀뜨물에 담그면 아린 맛이 잘 빠지며 물에 담글 시간이 부족할 때는 쌀뜨물에 2시간 정도 담가서 쓴맛을 우려낸다.
- 폐기선개(肺氣宣開:폐의 기운을 좋게 함), 거담(祛痰:가래를 제거함), 배농(排膿), 청폐(淸肺) 등 가래와 염증을 삭인다. 도라지에 풍부한 사포닌은 혈압을 낮추고 고름을 빨아낸다. 항산화 효과가 커서 장수하는 식품으로 알려져 있다. 외감해수(外感咳嗽:외부 감염으로 인한 기침), 인후종통(咽喉腫痛), 흉만협통(胸滿脇痛:가슴이 그득하고 옆구리에 통증이 있는 증상), 이질복통(痢疾腹痛), 부인병, 대하증 등을 치료한다.

▲ 도라지 뿌리(건조)

▲ 도라지 차

04 산마늘

여러해살이풀로 해발 300m 이상에서 자생한다. 흰색 또는 자줏빛의 꽃이 5~7월에 피는데 꽃턱잎은 2개로 갈라지며 작은 꽃자루는 3㎝ 내외이다. 높이 40~70㎝의 꽃줄기 끝에 산형꽃차례로 달린다. 잎은 줄기의 밑부분을 감싼 뒤 2~3개씩 달리고 길이는 20~30㎝, 너비는 3~10㎝ 정도이다. 꽃덮개는 타원형으로 6장이며 꽃잎처럼 보이고 수술은 6개이고 꽃밥은 황록색이다. 잎의 색은 약간 흰 빛을 띤 녹색이고 좁은 타원형이며 양끝이 좁아지고 가장자리는 밋밋하며 두껍다. 비늘줄기는 약간 굽어 있으며 겉껍질은 그물눈 같은 섬유로 덮이고, 갈색이다. 열매는 튀는열매(삭과)로 3개의 심피로 되어 있고 씨앗은 흑색이다.

▲ 산마늘 잎

▲ 산마늘 꽃

▲ 산마늘 지상부

밭 만들기

① 토양 조건 : 산마늘은 서늘한 지역에서 잘 자라며, 땅이 기름지고 생육 기간 중에 토양 수분을 넉넉하게 유지할 수 있는 곳이 알맞다. 햇볕이 강한 곳은 차광망을 설치하여 그늘을 만들어주면 잎이 부드럽고 여름철에 잎이 마르는 현상을 줄일 수 있다.

품종 선택

① 자생 지역에 따라 생태적으로 차이가 있다. 즉 내륙 지역인 백두대간을 중심으로 한 지역에는 오대종이, 도서 지역에는 자생종인 울릉종이 있다. 기후 생태적 환경으로 인해 다른 진화 과정을 거쳐 파생된 것으로 보고되고 있다.

② 오대종 : 잎이 작고(19×8㎝), 잎 수는 많으며(5.8매), 지하부는 적갈색으로 작고(5.1×1.1㎝) 굽어 있으며 꽃은 작고 씨앗 양도 적다(53립). 그리고 마늘향은 강하다.
③ 울릉종 : 잎이 크고(26×15㎝), 잎 수는 적으며(2.7매), 지하부 비늘줄기는 흰색으로 통통하고(5.3×2.2㎝), 꽃은 크고 씨앗 양도 많다(130립). 그리고 마늘향은 약하다.
④ 오대종은 표고 600m 이상의 고지대에서만 재배가 가능하나, 울릉종은 평난지에서 고랭지에 이르기까지 재배 적응 폭이 넓은 편이다.

재배 환경

① 온도 : 산마늘은 해발 600m 이상 되는 고산 지대 및 울릉도와 같이 여름이 시원한 지역에서 잘 자란다. 이들 지역의 기상 조건은 생육 최성기인 5~7월의 기온이 8~20℃로 서늘하다. 산마늘은 마늘처럼 기온이 높아지면 하고(夏枯) 현상이 발생한다. 따라서 초가을까지 잎이 고사되지 않고 푸른 상태를 유지할 수 있는 표고 600m 이상의 지역이 재배 적지이다. 표고가 낮은 지역에서 재배하면 여름철에 높은 기온으로 인하여 잎이 마르고 영양 축적이 나빠져 이듬해의 생육이 불량해지고 수량이 낮아진다. 산마늘은 봄철 한낮의 온도가 5~6℃가 되는 시기에 생육을 개시하며, 생육 초기에는 저온에 견디는 힘이 강해 야간 기온이 -6.7℃까지 떨어지는 조건에서도 잎이 얼었다 녹으면 정상적으로 회복되기 때문에 동해 피해를 받는 일은 거의 없다. 다만 이 시기에 저온을 자주 만나고 낮과 밤의 온도차가 크면 잎이 우글쭈글해지는 축엽 증상이 일어난다. 따라서 생육 초기 온도가 안정적이고 바람을 등진 온화한 구릉 지역에서 우수한 품질의 경엽이 생산된다. 산

마늘의 생육적온 범위는 야간 12~15℃, 주간 18~20℃로 비교적 서늘한 환경을 좋아한다. 생육 기간 중 낮 온도가 28℃ 이상 올라가게 되면 잎의 호흡량이 증가하여 양분 소모를 촉진하게 되므로 잎의 노화가 빠르게 진행된다. 또한 온도 조건은 잎의 품질에도 영향을 미친다. 낮 기온이 10~15℃의 낮은 온도 범위에서는 매운맛과 부드러운 향을 느낄 수 있으나 그 이상의 온도가 지속되면 매운맛과 향 성분이 감소한다. 따라서 평난지에서 재배한 산마늘보다 고지대에서 생산된 것이 매운맛이 강하다.

② 습도 : 대기 중의 상대습도는 생육 초기 잎의 크기에 영향을 미친다. 상대습도가 높은 조건에서는 잎의 신장이 1.5배 정도 커지나 반대로 건조할 경우에는 잎의 크기와 줄기 신장이 억제된다. 따라서 산마늘과 같이 광엽이면서 반음지식물인 경우에는 상대습도를 75~85%로 다습한 조건에서 관리하여야 잎 품질이 좋아지고 건전 생육을 도모할 수 있다.

③ 광조건 : 햇빛은 광합성의 필수 요소로 식물체 생장에 큰 영향을 끼친다. 생육이 왕성한 4월 하순경의 산마늘 광합성 보상점은 1,000Lux의 범위에 있고, 군락 상태에서의 광포화점은 35,000~40,000Lux의 범위에 있다. 생육 초기에는 광요구량이 높은 편이나 온도가 높은 6월 이후부터는 반대의 경향을 나타낸다. 산마늘은 광보상점이 낮은 음지식물이므로 양지성의 식물과 번갈아 사이짓기를 할 수 있을 뿐만 아니라 수목류 밑에서도 높은 재배 적응력을 가진다. 그러나 햇빛을 지나치게 차광할 경우에는 지상부의 잎 무게가 감소하고 줄기가 가늘어지며, 비늘줄기구 비대와 분구(알뿌리가 여러 개로 불어나는 것)가 억제되므로 해가림 정도를 30~50% 수준에서 재배하는 것이 좋다.

④ 토양 온도 : 산마늘은 대표적인 저온성 식물로 월동 후 해빙과 동시에 생육을 개시한다. 겨울 동안 촉성 재배를 할 경우 묵은 뿌리로부터 새로운 뿌리가 발생하는 것은 5℃ 이상의 조건에서 이루어지기 시작하며 15~18℃에서 뿌리의 활력이 최고조에 이르고, 그 이상의 온도 조건에서는 급격히 쇠퇴하는 경향을 보인다.

⑤ 토양 이화학성 : 산마늘은 토양 중의 산소 농도가 낮아지면 뿌리 자람이 억제되고 비늘줄기구 비대와 분얼이 억제되므로 토심이 깊으면서 물 빠짐이 잘 되어야 하고, 토양 통기성이 좋아야 한다. 대체로 산마늘은 점토질 토양에서는 수분 및 공기의 투과가 불량하기 때문에 생장이 억제된다. 반대로 사질토에서는 수분 및 공기의 투과는 좋지만 보수력이 낮아 생장의 제한을 받게 된다. 따라서 산마늘 생육에 적합한 토양은 사질양토 또는 식양토가 가장 이상적이라고 할 수 있다. 자생지의 토양은 pH5.3 정도로 약산성이며 특히 활엽수의 낙엽이 부숙되어 유기물 함량이 11~13% 정도로 매우 많고 칼슘 함량이 높은 곳이 좋다.

⑥ 토양 수분 : 산마늘의 잎과 줄기는 출현기인 3월 상순부터 신장하기 시작하여 경엽 전개기에 해당하는 4월 하순경에 생육이 가장 왕성하고, 개화하기 직전인 6월 중순경에 최대 신장기에 도달하게 되는데 수분 요구량은 4월 하순경의 경엽 전개기에 가장 높아 토양 수분을 65~70%로 다습하게 관리하는 것이 좋고, 개화기부터 결실기까지는 50~60%로 비교적 건조한 조건에서 관리하는 것이 하고(夏枯) 방지와 무름병 피해를 줄일 수 있다.

▲ 산마늘 새싹

▲ 산마늘 뿌리(인경)

씨뿌리기 및 아주심기

① 번식 방법 : 번식은 종자번식과 지하부 비늘줄기를 나누어 심는 방법이 있다. 종자번식은 대량번식에는 유리하지만, 씨앗을 뿌려서 비늘줄기와 잎을 생산하기 위한 기간이 최소 4~5년 소요된다. 비늘줄기를 나누어 심는 방법은 심은 후 바로 잎을 생산할 수는 있으나 종묘 비용이 많이 든다.

② 씨뿌리기 : 파종상자를 이용하거나 노지에 파종상을 만들면 되는데 파종상자를 이용할 경우에는 피트모스를 상토로 쓰면 겨울에 서릿발 피해를 막을 수 있고 상자가 가벼워 관리하기 쉽다. 1㎠당 2~3립의 밀도로 흩어뿌림하고 1㎝ 정도 흙을 덮는다. 산마늘은 비교적 깊게 씨를 뿌려도 발아가 잘되는 편이다. 흙을 얕게 덮으면 씨앗이 노출되고, 상면이 마르면 씨앗에 수분 침투가 잘 안 되어 오히려 발아율이 떨어질 수 있다. 노지에 파종상을 만들 경우에는 물 빠짐이 잘되는 미사질 토양이 좋고, 잡초 발생이 적었던 포장을 선정한다.

③ 이랑 간격 : 이랑 폭은 관리하기 쉽게 100㎝ 폭의 넓은 이랑을 만든 다음 골 사이를 6㎝ 간격으로 하고 씨앗은 0.5㎝ 내외의 간격으로 줄 뿌림하고 흙을 덮으며, 그 위에 왕겨 등을 덮어 파종상이 건조하지 않도록 한다.

④ 포기나누기 : 종자번식은 수확할 때까지 3~4년이 걸리는 단점이 있는 데 반해 포기나누기는 당년에도 수확이 가능하다. 하지만 알뿌리를 구하기가 어렵고 가격이 비싼 결점이 있다. 3~4년 정도 된 산마늘의 알뿌리는 흡사 그물눈과 같이 생긴 섬유질로 덮여 있는데, 이것을 2~3개로 쪼개어 포기나누기한다.

⑤ 포기나누기 시기 : 시기는 지상부가 고사한 뒤에 9~10월에 하는 것이 가장 좋다. 산마늘은 이른 봄 해빙과 동시에 싹이 나오기 때문에 봄에 포기나누기를 하면 활착이 잘 되지 않아 생육이 부진하고 수량이 적어지므로 피하는 것이 좋다.

⑥ 아주심기 : 아주심기 2주 전에 충분한 유기물과 석회를 살포하고, 아주심기 직전에 갈아엎고 고른 다음 120㎝ 정도의 두둑을 만든다. 종자번식에 의한 묘는 1년생을 심을 경우 활착은 물론 밭 관리가 어려우므로 2년 동안 육묘한 묘주를 심는 것이 유리하며 포기당 3~4개를 모아 심는다. 여러 해 묵은 포기를 나눈 묘라면 포기당 2~3개를 모아 심는다. 간격을 골 사이 30㎝, 포기 사이 20㎝로 심을 경우 1,000㎡당 약 16,500포기가 필요하다. 알뿌리를 심은 후에 생육이 급격히 저하하면서 활착이 잘 안 되는 이유는 뿌리 재생 속도가 매우 느리기 때문인데, 손상된 만큼 직접적인 생육에 영향을 미치므로 가급적 뿌리를 다치지 않게 다뤄야 한다. 산마늘은 대체로 가을에 심어야 활착이 유리한데 인경구 정단 부위가 약 3~5㎝ 묻히도록 다소 깊게 심어야 가뭄 피해를 덜 받고 겨울 동안의 서릿발 피해를 줄일 수 있다.

거름주기

① **시비** : 아주심기 후 1년 차에는 1,000㎡당 퇴비 3,000kg, 깻묵과 계분을 각각 100kg 정도 사용하고 화학비료는 1,000㎡당 요소 17kg, 인산 30kg, 황산칼륨 14kg을 밑거름으로 사용하여 밭을 갈아두었다가 아주심기할 때 다시 갈고 이랑을 만든다. 아주심기 후 2년 차부터는 산마늘의 초세가 회복된 상태이므로 출현기인 3월부터 6월까지 생육이 왕성하고 비료 효과도 높게 나타난다. 아주심기 2년 차부터는 산마늘 포기 사이에 표층 시비를 하므로 휘발성이 강한 화학비료보다는 지효성 내지 완효성 비료를 시용하는 것이 좋다.

② **웃거름** : 싹이 출현하기 전에 부산물 비료를 1,000㎡당 250kg을 시용하면 토양을 개량하는 것은 물론 효과가 지속적으로 발휘되는 장점이 있다.

③ **물 관리** : 산마늘은 자생지나 산지 재배지를 보면 가뭄에도 어느 정도 저항성이 높은 편이다. 그러나 어느 한계 이상으로 수분이 부족하면 잎이 황화하여 쇠약하게 되므로 적당한 물 관리가 필요하다. 또한 표고 600m 이상의 고랭지에서는 차광을 하지 않은 나지상태에서도 재배가 가능하나 차광을 하면 잎의 품질이 좋아지고 수량이 증가한다.

④ **해가림** : 종묘 배양이나 채종을 목적으로 할 경우에는 5월 이전까지 충분한 햇빛을 받도록 나지 상태에서 관리하고 온도가 급격히 상승하는 5월 이후에 30% 정도 차광해준다. 채종용 포장은 30% 미만의 약한 차광 조건에서 결실률이 높고, 50% 이상 차광 정도를 높이면 꽃이 개화하지 않고 떨어져 채종량이 급감하게 된다. 경엽 생산을 목적으로 한 재배에 있어서는 4월 이전에 30~50%로 차광을 할 경우 경엽 신장을 촉진하여 25~30% 수량을 증수할 수 있다.

잡초 제거

① 제초 방법 : 산마늘에 대한 제초제는 아직까지 개발된 것이 없으므로 육묘상이나 본포에서는 손제초에 의존할 수밖에 없다.
② 제초 시기 : 산마늘은 생육량이 적어 잡초에 의한 피해가 클 수 있으므로 생육기인 이른 봄부터 김매기를 해주어야 한다. 특히 산마늘이 보이지 않기 때문에 잡초를 그대로 방치해두는 경우가 있으나 이듬해 잡초 발생을 억제하기 위해 철저히 방제를 해야 한다.

수확

① 수확 시기 : 4월 하순경 그루의 아랫잎 1장을 남기거나, 5년 이상 된 포기 중 수확 줄기 수가 15개 이상 될 경우 5개 정도 줄기를 남기고 수확한다.
② 수확 방법 : 수확하는 잎줄기를 지면에서 3㎝ 정도 남겨두고 잘라 뿌리 인경 생육에 도움을 준다. 왜냐하면 산마늘은 한 번 잎을 따면 그 해에는 다시 잎이 돋아나지 않기 때문에 다음 해에 충실한 새싹이 돋고, 포기나누기 때 건실한 알뿌리를 생산할 수 있게 하기 위함이다.

아랫잎 1장을 남기거나, 5개 정도 줄기를 남기고 수확한다.

◀ 산마늘 채취하기 적당한 시기

병충해 방제

① 주요 병충해 : 산마늘에 발생하는 병해로는 잎마름병, 무름병, 흰비단병, 충해로는 파좀나방 등이 발생한다.
② 병충해 방제 : 품목고시된 작물보호제가 없어 환경 개선을 통하여 발생량을 줄이도록 한다.

산마늘의 조리법 및 효능 (100g당 14kcal)

- 어린잎과 순은(어린잎이 막 벌어졌을 때) 쌈, 생채, 무침, 절임, 장아찌, 튀김, 볶음, 샐러드 등의 다양한 요리에 사용할 수 있다.
- 묵나물로도 이용한다.
- 개인의 식성과 취향에 따라 다양한 요리로 즐길 수 있다.
- 비늘줄기에 강장(强壯), 이뇨(利尿), 구충(驅蟲), 최유(催乳), 온중(溫中:중초, 즉 비위를 따뜻하게 함), 선위(健胃·위를 튼튼하게 함), 해독(解毒), 월경과다(月經過多)에 효능이 있다. 소화불량(消化不良), 심장통(心腸痛), 옹종(癰腫:기혈이 사독에 의해 막힘으로 인하여 국소가 종창하는 증상), 독사교상(毒蛇咬傷:독사에 물린 상처), 창독(瘡毒)을 치료한다. 항암(抗癌)에도 응용하고 있다.
- 중국에서는 해발 2,500m에서도 자생지가 있어 고산식물의 특성이 있다.

▲ 산마늘 장아찌

05 씀바귀

씀바귀는 전국 각지의 풀밭이나 밭 가장자리, 인가 근처에 분포하는 국화과에 속하는 여러해살이풀로서 추위에 견디는 힘이 강하여 겨울철 비닐하우스 재배도 가능하다. 지역에 따라서는 쓴나물, 싸랑뿌리, 씸배나물, 쓴귀물이라고도 불리우며 유사종으로는 선씀바귀, 흰씀바귀, 벋음씀바귀, 벌씀바귀, 갯씀바귀, 모래땅씀바귀, 애기벋줄씀바귀 등이 있다. 높이는 25~50㎝이고 줄기는 가늘며 가지가 갈라진다. 뿌리잎은 꽃이 필 때까지 남아 있고 거꿀피침형 또는 거꿀피침상 긴 타원형이며 끝이 뾰족하고 밑부분이 좁아져서 긴 잎자루와 연결되며 가장자리에 치아상의 톱니가 있거나 깊게 파이는 부분이 있다. 줄기잎은 2~3개이고 피침형 또는 긴 타원상

▲ 씀바귀 지상부

▲ 씀바귀 잎

▲ 씀바귀 꽃

피침형이며 길이는 4~9cm로서 밑부분이 원줄기를 감싸고 가장자리에 치아상의 잔톱니가 있거나 깃꼴로 갈라진다. 5~7월에 꽃이 피고 꽃은 황색 또는 흰색이며 지름은 1.5cm 정도로 가지 끝과 원줄기 끝에 산방상(繖房狀)으로 달린다. 씨앗은 7~8월에 원통형 여윈열매(수과) 내에 10~12개 정도가 생기며, 끝에 털이 있어 바람에 날려 전파된다. 씨앗 모양은 길이 0.5cm, 너비 0.05cm로 상추 씨와 같이 길고, 갓털은 길이 0.4~0.45cm로 연한 황색이다.

재배 현황

전국적으로 300여 농가에 1백만㎡ 정도가 재배되고 있으며 고들빼기와 마찬가지로 입맛을 돋우는 무공해 건강식품으로 인식되어 소비가 늘어나는 추세이다. 주로 경기도와 충청도에서 재배되고 있는데 재배 형태는 거의 노지 재배이다. 출하는 초겨울인 11~12월과 이른 봄철인 2~4월에 주로 이루어지고 있으며 2~3월에 높은 가격을 형성하고 있다.

밭 만들기

① 토양 조건 : 토양이 비옥하고 토심이 깊은 곳이 좋다. 생존력이 강하므로 아무 곳에서나 잘 자라지만, 직사광선이 강한 곳에서는 꽃대가 빨리 나와 뿌리에 심이 박힌다. 거름기가 많고 생육 조건이 좋은 곳에서 자란 씀바귀는 쓴맛이 적고 연한 나물로 수확할 수 있는데, 대체로 배수가 잘 되면서 수분을 간직할 수 있는 거친 땅이면 어느 곳에서나 잘 자란다.

② 씀바귀는 냉이처럼 낮은 온도에서 잘 자라는 식물이므로 여름철 재배가 어렵기 때문에 사계절 생산이 어려운 산채이다. 따라서 늦가을과 이른 봄에 출하하는 노지 재배와 겨울철에 출하할 수 있는 촉성 재배 기술로 구분되고 있다.

번식 방법

종자번식과 포기나누기로 번식을 한다.

종자번식

① 채종 : 6월 하순부터 7월 하순 사이에 씨앗이 익는데 씨앗에 털이 붙어 있어 바람에 날려간다. 따라서 채종을 위해서는 아침 일찍 갈색으로 변한 꼬투리를 망사 자루 속에 포기째 베어서 묶어두었다가 씨앗에 난 털을 막대기로 가볍게 두드려 털어 모으면 된다.

② 씨앗 양 : 1,000㎡당 3~4L가 필요하지만 발아율이 낮기 때문에 뿌리

는 양이 많을수록 수량이 증가되므로 충분한 양의 씨앗을 확보하도록 한다.

③ 씨뿌리기 : 7~8월에 채종한 씨앗은 채종 즉시 뿌린다. 발아를 위해서는 30여 일간의 휴면 기간이 지나야 하므로 지베렐린 0.5~1ppm 또는 NAA 1ppm 용액에 30분간 담갔다

▲ 씀바귀 씨앗

가 말려서 뿌리거나 물에 6~8시간 불려 0~4℃의 낮은 온도에서 20여 일간 저온 처리한 후 뿌리면 발아가 잘 된다.

④ 씨뿌리기 방법 : 넓이 90㎝, 높이 10㎝로 두둑을 만들고 씨앗 크기가 비교적 작기 때문에 표면을 고르게 편 후 씨앗 양의 3~4배의 톱밥과 잘 혼합하여 흩어뿌림을 하거나 줄뿌림을 한다. 그 후 0.5㎝로 얇게 흙을 덮어주고 그 위에 다시 짚을 얇게 덮은 다음 물을 흠뻑 준다.

아주심기

① 솎아주기 : 씨뿌리기한 것은 그대로 두고 빽빽한 곳만 솎아주고, 포기

빽빽한 곳만 솎아준다. 생육이 왕성하여 씨앗이 떨어져 잡초가 될 우려도 있다.

◀ 씀바귀 순 올라오는 모습

나누기한 사방 5~10㎝ 간격으로 심는다. 심은 지 1년이 지나면 씨앗이 떨어져 주위에 씀바귀 밭이 만들어지므로 생육이 왕성하여 잡초가 될 우려도 있다.

포기나누기

① **줄기번식** : 7~8월 이후에 지표면 부분의 씀바귀 줄기를 이용하는 방법으로 2~3마디가 붙도록 절단하여 이식하면 뿌리가 잘 난다.

② 9월에 땅속줄기를 저온저장고(3~4℃)에 30일간 넣어둔 후 10월 중순에 하우스 재배할 곳에 20×10㎝ 간격으로 아주심기하면 10월 하순에 활착이 완료되어 생장이 왕성해진다.

③ 이때 1,000㎡당 40~50㎏의 씨뿌리가 필요하며 하우스의 피복은 11월 하순경에 실시하여 낮 20~25℃, 밤 10℃ 범위로 관리하면서 토양수분이 건조하지 않도록 주의한다.

일반 관리

① **봄에 수확 시** : 가을에 짚이나 왕겨로 덮어주면 월동 후에 일찍 자라므로 생나물로 이용하는 데 도움이 된다.

② **거름주기** : 비료는 주로 퇴비 위주로 밑거름을 주며, 유기질비료를 9월 상순에 덧거름으로 주면 살찐 씀바귀를 수확할 수 있다. 비료 주는 양은 씀바귀의 생육 기간이 짧으므로 밑거름 위주로 주며 1,000㎡당 요소 3㎏, 용성인비 10㎏, 염화칼륨 2㎏, 퇴비 1,500㎏을 시용한다.

③ **포장관리** : 김매기 작업 시 지나치게 빽빽하게 난 곳은 포기 사이가 3~4㎝ 정도 되도록 솎아주는 것이 좋다. 이듬해 봄에 수확할 때 지장이 없는 한 가을에 짚을 덮어 월동하면 겨울 생육에 도움이 된다. 겨

▲ 씀바귀 채취하기 적당한 시기

▲ 씀바귀 채취한 전초

울 동안에도 땅이 얼지 않을 정도로 최저 온도를 유지하며 관리하면 계속 시장 출하가 가능하다. 10월 하순경 비닐하우스를 설치하고 보온매트로 보온 재배하면 더욱 좋은 상품이 생산된다. 이때 지나치게 높은 온도를 유지하면 꽃대가 나오기 쉬우므로 20℃ 정도를 유지하는 것이 좋다.

수확

① 수확 시기 : 11월부터 다음해 4~5월까지 수확이 가능하나 꽃대가 나올 때는 뿌리가 목질화되고 잎이 굳어지며 쓴맛이 강해져 먹을 수가 없다.

② 수확량 : 1,000㎡당 900~1,000kg의 생채를 수확할 수 있으며, 300g 단위로 깨끗하게 다듬어 비닐봉지에 포장 판매한다.

▲ 씀바귀 목질화된 뿌리

▲ 씀바귀 뿌리

꽃대가 나올 때는 뿌리가 목질화되고 잎이 굳어지며 쓴맛이 강하게 되어 먹을 수가 없다.

병충해 관리

병해로는 모자이크병이 있으나 크게 피해를 주지 않는다.

특수 재배 (촉성 재배 기술)

① 생육 특성 : 번식 방법에는 노지 재배 외에도 겨울철 촉성 재배 기술이 있다. 혹한기에는 비닐하우스에 커튼을 덮는 조건에서만 수확이 가능하며 다른 방법으로는 새로 싹이 돋아나는 데 상당히 늦기 때문에 상품성이 없다.

② 재배 시기와 방법 : 7월 20일경에 지역 자생종 씀바귀 줄기마디를 2~3개로 절단한다.

③ 아주심기 : 줄 사이 20㎝, 포기 사이 10㎝로 하고, 씨뿌리를 아주심기 한 후에는 마르지 않도록 물을 준다. 11월 하순경에는 하우스 피복을

▲ 씀바귀 나물로 이용하는 전초

하고 하우스 내부에 소형 터널을 설치하면 무가온 재배가 가능하다.

씀바귀 조리법 및 효능 (100g당 14kcal)

- 봄철에 나물무침이나 소금절임으로 무쳐 먹고, 뿌리와 잎은 물에 우려서 양념하여 나물로 이용한다.
- 장아찌로 담가 먹을 수 있다.
- 쌈채소나 샐러드로 이용할 수도 있다.
- 개인의 식성과 취향에 따라 다양한 요리로 즐길 수 있다.
- 잎과 뿌리의 뿌연 점액은 트리터피노이드(triterpenoids)로 쓴맛 성분이다. 입맛을 당기게 하고 항암 작용도 한다.
- 해열(解熱:열 내림), 청폐혈(淸肺血), 소종(消腫:종기나 부스럼을 삭임), 해독(解毒), 항암(抗癌)의 효능이 있다. 독사교상(독사에 물린 상처), 요결석, 폐렴(肺炎), 간염(肝炎), 소화불량(消化不良), 골절(骨折), 종독(腫毒), 질타손상(跌打損傷:타박상)을 치료한다. 최근에는 사람의 골육암세포를 억제시키는 항암 효과와 콜레스테롤을 저하시키는 효능이 있는 것으로 알려졌다.

06 왜당귀

여러해살이풀로 키는 40~90㎝ 정도로 자라며 뿌리가 충실하고 줄기는 자흑색이고 전체에 털이 없다. 잎은 어긋나며 2~3회 3출겹잎으로서, 잔잎은 피침형 또는 달걀 모양 침형으로 예리한 톱니가 있고, 끝이 뾰족하다. 6~8월에 흰색 꽃이 피며 복산형꽃차례이다. 열매는 편평한 긴 타원형이고 길이 0.4~0.5㎝로 9~10월에 익는다. 뒷면의 능선이 가늘며 가장자리에 좁은 날개가 있고, 능선 사이 3~4개의 합생면(合生面)에 4개의 유관(油管)이 있다.

▲ 왜당귀 잎

▲ 왜당귀 줄기

▲ 왜당귀 꽃

밭 만들기

① **자생지** : 산지 혹은 구릉지의 초지에 자생한다.

② **토양 조건** : 약간 산성이나 혹은 중성인 토양을 선택하는 것이 좋으며, 토층이 두껍고, 비옥하고 부드럽고, 배수가 잘 되고, 유기질이 풍부한 양토나 사양토에서 잘 자란다. 모래땅이나 자갈밭에서는 잔뿌리가 많이 생기고, 질흙에서는 뿌리의 비대가 잘 안 될 뿐만 아니라 수확에 노력이 많이 든다.

③ 전작물로 옥수수, 감자, 양파를 재배했던 밭이 좋으며, 이어짓기를 하면 병충해가 많아지고 수량이 낮아지므로 2~3년 간격으로 돌려짓기를 하는 것이 적합하다. 당귀는 이어짓기할수록 수량이 감소되는데 1년 이어짓기 시 25~30%, 2년 이어짓기 시 55~60%의 감소를 가져올 뿐 아니라 뿌리혹선충의 피해가 많아지므로 반드시 벼과 작물인 율무

나 참깨를 돌려짓기하면 뿌리혹선충의 밀도를 줄일 수 있다.
④ 온도 : 당귀는 지대가 높은 산에서 자생하며 서늘한 기후에서 잘 자라고 온도가 높고 무더운 지역에서는 잘 자라지 않는다. 해발 500m 이상의 지역이 적합하며, 해발이 낮은 지역에서 재배하면 여름철에 고온 피해로 실패한다. 특히 7~8월의 평균기온이 20~22℃ 정도인 중북부 산간 고랭지에서 재배하는 것이 유리하며 꽃대도 적게 생긴다.
⑤ 수분 : 당귀의 재배지는 습윤지대로 수분을 좋아하며 가뭄과 장마에 약하다. 토양 함수량 25% 정도가 당귀의 생장에 제일 적합하다. 육묘기나 성묘기를 막론하고, 충분한 강우는 수량을 높이는 조건의 하나이다. 그러나 토양 함수량이 40%를 초과하지 않는 것이 좋다. 40%를 초과할 경우 습해를 받을 뿐만 아니라 뿌리썩음병도 쉽게 발생한다. 토양 함수량이 13% 이하면 가뭄을 타며 물주기를 해야 한다.
⑥ 일광량 : 당귀는 저온장일 조건에서 생육하는 특성이 있어 장일 조건 하에서 생장이 양호하고, 발육이 빠르고, 쉽게 추대한다. 조기 추대를 방지하기 위하여 그늘진 비탈이나 평지에 심는 것이 좋다. 그러나 2년차에 아주심기한 후에는 광과 일조가 부족하면 수량을 높일 수 없다. 적합한 방향과 경사도 및 재식 밀도에서만 광조건을 적당히 할 수 있고 뿌리의 발육에 이롭다. 특히 일교차가 크고 일사량이 많은 곳에서 생육이 잘 되고 품질도 좋다.

번식 및 아주심기

① 품종 : 일당귀는 2004년에 작물과학원에서 육성 보급한 '진일(수원7호)' 품종이 있고, 참당귀는 1998년에 육성 보급한 '만추(수원3호)'와 2001년에 육성보급한 '안풍(수원6호)' 등이 있다. 진일은 제주도를 제외한

전국이 적응 지역이고, 만추와 안풍은 해발 400m 이상의 중산간 고랭지가 적응 지역이다.

② 번식법 : 씨앗으로 번식하고, 직파재배 또는 육묘이식재배가 가능하다.

③ 씨뿌리기 : 씨앗은 직사각형 묘판을 만들어 뿌린다. 묘판은 이랑 넓이 100~120cm로 하고 이

▲ 왜당귀 발아(생육 초기)

랑의 길이는 적당한 직사각형 판을 만들어 3.3㎡당 1dL 정도로 뿌린다. 밀식되지 않도록 흩어뿌린 후 얇게 흙을 덮고 보릿짚 또는 왕겨로 차광을 해준다. 20일 후 발아가 되면 빽빽한 곳은 솎아주고 수시로 제초를 한다. 비료기가 많고 굵은 묘는 아주심기 후 바로 꽃대가 올라오기 때문에 약재로 쓸 수 없다.

④ 아주심기 : 봄철에 1년 키운 묘를 이랑 너비 90cm에 2줄, 포기 사이 25cm 간격으로 심는다.

▲ 왜당귀 포트에 심어진 씨앗

묘판은 이랑 넓이 100~120cm로 하고, 직사각형 판을 만들어 3.3㎡당 1dL 정도로 씨를 뿌린다.

거름주기

① 당귀는 거름을 많이 필요로 하는 식물로 영양생장 기간에 거름기가 좋으면 뿌리의 발육을 촉진하고 수량을 높일 수 있다. 당귀는 생육 과정에서 비료의 3요소인 질소(N), 인산(P), 칼륨(K)의 수요량이 많으며 토양 중에는 늘 부족하므로 반드시 시비를 하여 부족한 토양 양분을 보충하여야 한다.

② 거름량 : 1,000㎡당 시비량은 질소 6~8kg, 인산 8~14kg, 칼륨 6~7kg, 퇴비 2,000kg 정도이다. 3가지 요소 중 질소의 사용이 중요하고, 보통 황산암모니아 또는 깻묵류가 사용된다. 재배지의 토양과 기상 조건이 일정하지는 않으나, 1,000㎡당 퇴비 1,500kg, 질소 16kg, 인산 24kg, 칼륨 9kg을 표준으로 하여, 질소는 밑거름과 덧거름에 나누어 넣으면 좋다. 덧거름은 속효성의 질소비료를 9월 상순경 준다. 생육 초기에 다량의 질소비료를 주면 지상부는 잘 번성하나 뿌리의 생육에는 해로운 꽃대가 많이 나는 경향이 있다. 꽃대가 난 것은 뿌리가 목질화되어 사용할 수 없으므로 주의해야 한다.

- **질소** : 식물세포 원형질을 구성하는 중요한 성분이며, 특히 잎의 생육을 가속화하고, 동화 면적을 확대하고, 광합성 효율과 영양 물질의 집적을 높이는 등 중요한 작용을 하며, 당귀의 수량을 높이는 데 중요한 요소이다.
- **인산** : 핵단백질 등의 조성 성분으로 당분과 단백질의 정상적인 대사 활동을 촉진한다. 당귀의 영양생장 기간 중 뿌리의 발육을 가속화하고 넓은 근계를 형성하도록 한다. 당귀의 인산 결핍 증상은 근계의 생장이 좋지 않고, 뿌리 곁눈이 감소하거나, 혹은 곁눈을 분화하지 않으며 식물체의 높이가 작다.

▲ 왜당귀 나물용으로 채취하기 적당한 시기　　▲ 왜당귀 절임용으로 적당한 시기

- **칼륨** : 잎에서 만들어진 동화 산물이 뿌리에 수송되고 저장되는 것을 촉진하며, 뿌리의 비대를 가속화하며 당귀의 품질을 높인다. 그러므로 영양생장 전기에 칼륨비료를 보충하고, 영양생장 후기에는 인산, 칼륨비료를 보충해주어야 한다. 이는 뿌리의 비대 발육을 촉진하여 수량을 증가시키고 품질을 향상시킨다.

잡초 제거

중경제초는 묘의 활착 후 3~4회 한다. 쌈용 일당귀엽 생산을 위하여 환류 슈환식 양액 재배에서는 여름철 30%의 차광이 필요하며, 배지는 펄라이트 고형배지를 사용하고 양액은 21일 간격으로 교체한다. 20×20㎝ 간격으로 심고, 높이가 30㎝ 정도일 때 수확한다. 양액은 쿠퍼액에서 가장 많이 생산할 수 있다.

병충해 관리

주요 병충해로는 노균병, 균핵병, 응애, 딱정벌레, 밤나방 등이 있다.

▲ 왜당귀 나물로 이용하는 전초

왜당귀의 조리법 및 효능 (100g당 36kcal)

- 새로 나온 보드라운 잎은 장아찌로 이용할 수 있으며 향이 좋아서 생선회나 불고기의 쌈채소로 연중 이용할 수 있다.
- 샐러드로 이용할 수도 있다.
- 개인의 식성과 취향에 따라 다양한 요리로 즐길 수 있다.
- 참당귀 잎은 식용으로 사용하지 않는다.
- 보혈활혈(補血活血:혈을 보하고 혈액순환을 원활하게 함), 조경지통(調經止痛:월경을 조화롭게 하며 통증을 멈춤), 강장(强壯), 진통(鎭痛), 진정(鎭靜), 구어혈(驅瘀血:어혈을 제거함)의 효능이 있다. 뇌신경을 보호하여 기억력 감퇴를 개선한다. 신체허약(身體虛弱), 빈혈(貧血), 월경불순(月經不順), 월경통(月經痛), 요슬냉통(腰膝冷痛:허리와 무릎이 냉하고 아픈 증상), 두통(頭痛), 신체동통(身體疼痛), 변비(便祕)를 치료한다.

▲ 왜당귀 장아찌로 이용하는 잎

▲ 왜당귀 장아찌